若き中国人の悩み
ZHONGGUO NIANQINGREN DE FANNAO

中国語初級教材

修辞学研究会 著

NULI!

好文出版

はじめに

　この教科書は、3つの目的を持って作られました。1つは、中国語の初級文法を無理なく学ぶこと。1つは、無味乾燥な内容を避け、親しみを持って取り組める内容を心がけたこと。もう1つは辞書なしでも学ぶことが可能であること、です。

　本教科書では、まず発音（第1～2課）と基礎文法（第3～5課）を学びます。その後、親しみやすく、興味を惹かれる文章を通して、厳選された文法を少しずつ学んでいきます。（第6～22課）

　現在、中国のインターネット上には、若者が自分の悩みを投稿し、それを見たひとが助言をするサイトがあります。本教科書の著者は、そのサイトをくまなく閲覧しました。そして、典型的なテーマに即して、そこに書かれた内容を踏まえて、初級教材として著者は新たに書き下ろしました。それが、6課以降、各課におかれた課題文です。

　この教科書を読み進めながら、中国語を学ぶと同時に、皆さんと年齢の近い中国の若者の心情に触れることができれば、と著者は願っています。

　なお、巻末に「単語ミニ辞典」をつけました。教科書の中で「語釈」として取り上げられた単語はもちろん、それ以外の重要な単語も加えてあります。初級教科書の単語集としては十分な数を含んでいます。

著者一同

目　　次

はじめに

第１課　声調と母音、鼻音　　6
1 声調　2 母音　3 鼻音

第２課　子音　　8
1 子音　2 声調トレーニング　―毎日の練習―

第３課　　12
1 指示詞と量詞　2 動詞述語文の構造　3 "是"構文　4 形容詞述語文

第４課　様々な疑問文と数に関する表現　　17
1 疑問詞疑問文　2 反復疑問文・選択疑問文　3 数に関する表現

第５課　数量補語とアスペクト、語気助詞　　21
1 数量補語　2 実現・完成を表わす動態助詞の"了"　3 語気助詞の"了"
4 経験を表わす動態助詞の"过"

第６課　　26
1 必然・推測の"会"　2 原因・結果の"因为…，所以～"

第７課　　29
1 強調の"就"　2 可能の"能"

第８課　　32
1 介詞（前置詞）の"在・给・跟"　2 受動態の"被"

第９課　　35
1 動詞を修飾する構造助詞の"地"　2 使役の"让"

第10課　　38
1 比較の"比""没有"　2 逆接の"虽然…但是…"

第11課　　41
1 様態補語　2 処置文の"把"

4 è sì

第 12 課　　　　　　　　　　　　　　　　　　　　　44

① 願望の"想"　② 疑問詞の不定用法

第 13 課　　　　　　　　　　　　　　　　　　　　　47

① 追加・除外の"除了…以外"　② 限定条件の"只要"

第 14 課　　　　　　　　　　　　　　　　　　　　　50

① 方向補語の"来""去"　② 仮定の"如果"

第 15 課　　　　　　　　　　　　　　　　　　　　　53

① 持続の"V 着"　② 2つの成分をとる動詞

第 16 課　　　　　　　　　　　　　　　　　　　　　56

① 補足説明の「"有"＋目的語＋V」　② 動詞の重ね型

第 17 課　　　　　　　　　　　　　　　　　　　　　59

① 強調用法の疑問詞　② 介詞（前置詞）の"关于…"

第 18 課　　　　　　　　　　　　　　　　　　　　　62

① 依頼文・命令文　② 譲歩の"即使…也～"

第 19 課　　　　　　　　　　　　　　　　　　　　　65

① 方位詞の"里"　② 条件・理由の"既然…"

第 20 課　　　　　　　　　　　　　　　　　　　　　68

① 類似の"跟（像）…一样（似的）"　② 構造を読む

第 21 課　　　　　　　　　　　　　　　　　　　　　72

① 未来（将然）の"快要…了"　② 進行の"在"

第 22 課　　　　　　　　　　　　　　　　　　　　　75

① 存現文　② 強調の"是…的"

単語ミニ辞典　　78

第1課　声調と母音、鼻音

1 声調　🔘01

中国語には声調がある。四声（高低変化のある4つのトーン）と軽声（高低の変化がない）がそれである。中国語は、漢字一つ一つに一つの音節がある。そして、どの音節にも声調（四声か軽声）がある。

第1声	高く平らにのびる	mā
第2声	急に上昇	má
第3声	低く抑えたまま	mǎ
第4声	急に下降	mà
軽声	軽く添える	ma

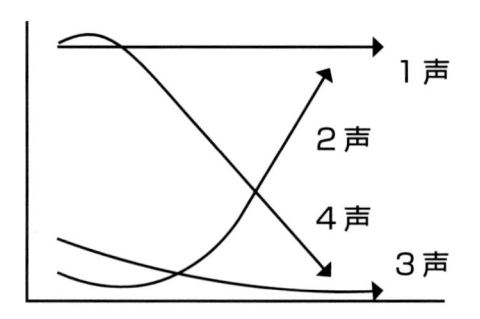

（文末では第3声を上昇させることがある。これを「3声強調形」と呼ぶことにする）

練習　🔘02

1) mā　má　mǎ　mà　ma
2) mǎ　má　mà　mā　mà
3) má　mā　mǎ　mà　mā
4) mámā　māmá　màmǎ　māmā　mǎmà
5) mǎmā　màmá　mámà　màmā　māmǎ

[3声連続時の声調変化]
第3声が続くときは、前の3声が2声に変化し、[3＋3] → [2＋3] となる。ただし、声調符号の表示は3声のままにしておく。
例：你好［nǐhǎo］（表記上）→［níhǎo］（実際の発音）
（"你"は通常［nǐ］の3声だが、第3声（"好"）の前では［ní］の2声に変調する。）

2 母音

1) 単母音（a o e i u ü er）　🔘03

　a：口を大きく開ける。明るい「ア」の響き。

　o：日本語の「オ」に近い。口を少しすぼめる。

　e：口を横に開いて「オ」の音。他の母音と組み合わされるときは「エ」。

第1课　Dì yī kè

　　i：口を横に引いて「イ」。鋭い響き。
　　u：口を突き出して「ウ」。暗い響き。
　　ü：口をすぼめて「イ」。
　　er：「ア」を発音しつつ舌を巻き上げる。

2) 複母音　🔘 04

・二重母音

　　ai　　ei　　ao　　ou

　　ia　　ie　　ua　　uo　　üe

・三重母音

　　iao　　iou　　uai　　uei

[声調符号付加規則]
原則として、口の大きな母音順につける。
① [a] があればその上に。　　　　　　　　　　[好 hǎo]
② [a] がなく、[e] か [o] があればその上に。　　[学 xué]　　　[走 zǒu]
③ [ui] か [iu] の時は、うしろの母音に。　　　　[六 liù]　　　[最 zuì]
④ [i] に声調符号をつけるときは、点を削除。　　[力 lì]

3　鼻音　🔘 05

-n：「ん」を発音した後、舌を上の歯の裏につける。「案内」の「あん」。
-ng：「ん」を発音した後、息を鼻から出し響かせる。「案外」の「あん」。

an　　en　　in　　ian　　uan　　uen　　üan　　ün
ang　　eng　　ing　　iang　　uang　　ueng　　　　　　ong　　iong

qi　7

第 2 課　子音

1　子音　06

	無気音	有気音			
唇音	b(o)	p(o)	m(o)	f(o)	
舌先音	d(e)	t(e)	n(e)	l(e)	
舌根音	g(e)	k(e)	h(e)		
舌面音	j(i)	q(i)	x(i)		口をしっかりと横に引いて「イ」
そり舌音	zh(i)	ch(i)	sh(i)	r(i)	舌をそらせて「イ」
舌歯音	z(i)	c(i)	s(i)		口をしっかりと横に引いて「ウ」

「無気音」とは発音時に息をほとんど出さない音である。

「有気音」とは発音時に一瞬ためて強く息を出す音である。

[発音表記の規則]
1) [i] は子音がないときは [yi] と表記する。[i] で始まる複母音の音節は [y] のみとなる。
　　たとえば、[i] ＋ [a] ＝ [ya] となる。
2) [u] も子音がないときは [wu] と表記する。[u] で始まる複母音の音節は [w] のみとなる。
　　たとえば、[u] ＋ [a] ＝ [wa] となる。
3) [ü] は単独では [yu] と表記される。
4) [iou] [uei] [uen] は、子音がつくと中央の [o] [e] が軽くなるので、省略して表記し、
　　[iu] [ui] [un] と書く。
5) j・q・x に [ü] がつく時は、ju・qu・xu と表記する。
6) 固有名詞の語頭や文頭は大文字にする。例：日本（Rìběn）／你好！（Nǐhǎo!）

練習　07

[A]　子音と単母音の組み合わせ

1) bo po ／ ba pa ／ bu pu ／ bi pi
2) de te ／ di ti ／ du tu ／ da ta
3) ga ka ha ／ gu ku hu ／ ge ke he
4) ji qi xi ／ ju qu xu
5) zha cha sha ra ／ zhe che she re
6) zi ci si ／ za ca sa ／ ze ce se

第2课　Dì èr kè

[B]　やさしい字で発音練習　🔘08

1) zhè（这：これ）　　　　nà（那：あれ）　　　　　　nǎ（哪：どれ）
2) wǒ（我：私）　　　　　　nǐ（你：あなた）　　　　　tā（他、她：彼・彼女）
3) zhèr（这儿：ここ）　　　nàr（那儿：あそこ）　　　　nǎr（哪儿：どこ）
4) wǒmen（我们：我々）　　 nǐmen（你们：あなたたち）
   tāmen（他们、她们：彼ら・彼女たち）
5) Zhōngguó（中国）　　　　Rìběn（日本）　　　　　　　Hànyǔ（汉语：中国語）
   Rìyǔ（日语：日本語）

[C]　子音と複母音の組み合わせ　🔘09

1) bai pai / bei pei / bao pao / biao piao
2) dai tai / dao tao / duo tuo / diao tiao
3) gai kai hai / gao kao hao / gou kou hou / guai kuai huai
4) jia qia xia / jie qie xie / jiao qiao xiao / jiu qiu xiu
5) zhao chao shao rao / zhui chui shui rui
6) zao cao sao / zuo cuo suo / zui cui sui

[D]　子音と鼻音の組み合わせ　🔘10

1) ban pan / bang pang / ben pen / beng peng
2) dan tan / dang tang / deng teng / dong tong
3) gan kan han / gang kang hang / guan kuan huan /
   guang kuang huang
4) jin qin xin / jing qing xing / juan quan xuan / jun qun xun /
   jiong qiong xiong
5) zhan chan shan ran / zhang chang shang rang / zheng cheng
   sheng reng
6) zan can san /zang cang sang / zun cun sun / zong cong song

第 2 课　Dì èr kè

2　声調トレーニング　—毎日の練習—

🔘 11

[1]　1声＋1声

cāntīng	餐厅（レストラン）
dānxīn	担心（心配する）
yīnggāi	应该（…すべきだ）
huīxīn	灰心（がっかりする）

[2]　1声＋2声

wēnróu	温柔（優しい）
Yīngwén	英文（英語）
chīwán	吃完（食べ終わる）
jiānchí	坚持（やり抜く）

[3]　1声＋3声

jiāowǎng	交往（交際する）
yōngjǐ	拥挤（混雑する）
gōnglǐ	公里（キロメートル）
yōudiǎn	优点（長所）

[4]　1声＋4声

xiānxì	纤细（繊細だ）
chōngdòng	冲动（感情的になる）
gōngzuò	工作（仕事をする）
qīngdàn	清淡（淡泊である）

[5]　1声＋軽声

zhīdao	知道（知っている）
dōngxi	东西（品物）
māma	妈妈（母親）
cōngming	聪明（聡明だ）

🔘 12

[6]　2声＋1声

zuótiān	昨天（昨日）
fángjiān	房间（部屋）
nánshēng	男生（男子学生）
shíjiān	时间（時間）

[7]　2声＋2声

xuéxí	学习（学ぶ）
réngé	人格（人格）
zúqiú	足球（サッカー）
guójí	国籍（国籍）

[8]　2声＋3声

cídiǎn	词典（辞典）
niúnǎi	牛奶（牛乳）
píngguǒ	苹果（りんご）
píjiǔ	啤酒（ビール）

[9]　2声＋4声

yídìng	一定（きっと）
ránhòu	然后（その後で）
xiézhù	协助（協力する）
yóunì	油腻（油っこい）

[10]　2声＋軽声

háizi	孩子（こども）
piányi	便宜（安い）
péngyou	朋友（友達）
míngzi	名字（名前）

第2课　Dì èr kè

🔘 **13**

[11]　3声+1声

jǐnzhāng	紧张	（緊張する）
xǔduō	许多	（多くの）
hǎochī	好吃	（おいしい）
shǒujī	手机	（携帯電話）

[12]　3声+2声

gǎnqíng	感情	（感情）
jiǎnzhí	简直	（まったく）
xuǎnzé	选择	（選ぶ）
biǎomíng	表明	（表明する）

[13]　3声+3声

lǐjiě	理解	（理解する）
yǔsǎn	雨伞	（雨傘）
dǎsǎo	打扫	（掃除する）
shuǐjiǎo	水饺	（水餃子）

[14]　3声+4声

liǎnsè	脸色	（顔色）
nǔlì	努力	（努力する）
jǐnliàng	尽量	（できるだけ）
gǎnmào	感冒	（風邪）

[15]　3声+軽声

nuǎnhuo	暖和	（暖かい）
xǐhuan	喜欢	（好きだ）
jiǎozi	饺子	（餃子）
yǐjing	已经	（すでに）

🔘 **14**

[16]　4声+1声

xiàbān	下班	（退勤する）
diànchē	电车	（電車）
dàjiā	大家	（みな）
xiàngjī	相机	（カメラ）

[17]　4声+2声

wèilái	未来	（みらい）
yìzhí	一直	（ずっと）
huòdé	获得	（獲得する）
liànxí	练习	（練習）

[18]　4声+3声

liàngjiě	谅解	（許す・了解する）
shèngshǒu	圣手	（名手）
wàibiǎo	外表	（外面）
xiàyǔ	下雨	（雨が降る）

[19]　4声+4声

jìnbù	进步	（進歩する）
shàngkè	上课	（授業に出る）
yùdào	遇到	（出会う）
shuìjiào	睡觉	（眠る）

[20]　4声+軽声

rènshi	认识	（知っている）
yìngfu	应付	（対応する）
gàosu	告诉	（告げる）
rìzi	日子	（日にち）

shíyī　11

Dì sān kè
3　第 3 課

1　指示詞と量詞

　日本語の指示詞「これ・あれ」に相当するものに、"这 zhè・那 nà"がある（「それ」は"这・那"のどちらにも使う）。「どれ」は"哪 nǎ"を用いる。

　場所を表わす指示詞「ここ・あそこ」は"这儿 zhèr・那儿 nàr"である（「そこ」は"这儿・那儿"のどちらにも使う）。「どこ」は"哪儿 nǎr"を用いる。

　日本語は、ものを数えるときに量詞を用いる。中国語にも量詞があり、名詞によって異なる。［数詞］＋［量詞］＋［名詞］の順に並べる。

yì běn cídiǎn　liǎng jiā cāntīng　sān bēi niúnǎi　sì píng píjiǔ　wǔ tiáo gǒu
一 本 词典，两 家 餐厅，三 杯 牛奶，四 瓶 啤酒，五 条 狗，

liù zhī qiānbǐ　qī ge nánshēng　bā pán shuǐjiǎo　jiǔ liàng diànchē
六 支 铅笔，七 个 男生，八 盘 水饺，九 辆 电车……

　日本語では、たとえば「この本」という時に量詞を使わないが、中国語では、量詞を用いて、［指示詞］＋［量詞］＋［名詞］という順に並べる。

zhè běn shū　　　　　　nà zhī qiānbǐ　　　　　zhè tiáo gǒu
这 本 书：この本　　　那 支 铅笔：あの鉛筆　　这 条 狗：この犬

["一"の声調変化]
1) 通常は第 4 声（yì）である。
2) 後の字が第 4 声、または第 4 声に由来する軽声の時、"一"は第 2 声（yí）に変調する。なお、序数の"一"は第 1 声（yī）で読む。

yì běn cídiǎn　　yì zhī qiānbǐ　　yí liàng diànchē　　yí ge péngyou
一 本 词典　　　一 支 铅笔　　　一 辆 电车　　　　一 个 朋友

dì yī kè
第 一 课（○课：課）

第3课　Dì sān kè

2 動詞述語文の構造

1) 肯定文は、以下の語順で文を作る。

主語＋動詞＋目的語

 Wǒ chī Zhōngguó cài.
 我 吃 中国 菜。（○吃：食べる／○菜：料理）

 Tā yǒu yì běn Rìyǔ cídiǎn.
 他 有 一 本 日语 词典。

2) 文末に"吗"をつけると、疑問文になる。これを「"吗"疑問文」と呼ぶことにする。

 Nǐmen xuéxí Hànyǔ ma?
 你们 学习 汉语 吗?

 Tā yǒu cídiǎn ma?
 他 有 词典 吗?

3) 動詞の前に"不"を置くと、意志・習慣に関する否定文になる。ただし、"有"だけは、かならず、"没"を動詞"有"の前に置く。（"不"ではない）

 Tā bù xuéxí Hànyǔ.
 她 不 学习 汉语。

 Wǒ méi yǒu nà zhǒng cídiǎn.
 我 没 有 那 种 词典。

動詞の前に"没"を置くと、動作の実現・完成の否定になる。

 Wǒ méi chī Zhōngguó cài.
 我 没 吃 中国 菜。

["不"の声調変化]
1) 通常は第4声（bù）である。
2) 後の字が第4声の時、"不"は第2声（bú）に変調する。

 Wǒ bù chī. Wǒ bù mǎi. Wǒ bú qù.
 我 不 吃。我 不 买。我 不 去。　（○买：買う／○去：行く）

第 3 课　Dì sān kè

練習　次の中国語を疑問文・否定文にしましょう。

1. Tā yǒu liǎng běn cídiǎn.
   她 有 两 本 词典。

（疑）　　　　　　　　　　　　　　　（否）

2. Tā xiǎng hē sān bēi chá.
   他 想 喝 三 杯 茶。（○想喝：飲みたい）

（疑）　　　　　　　　　　　　　　　（否）

3. Wǒ mǎi xiàngjī.
   我 买 相机。

（疑）　　　　　　　　　　　　　　　（否）

3　"是" 構文

肯定文は、主語の後に"是（shì）"を置き、次の構文をとる。

主語＋"是"＋名詞。

　Wǒ shì dàxuéshēng.
　我 是 大学生。

疑問文は文末に"吗?"をつける

　Nǐ shì dàxuéshēng ma?
　你 是 大学生 吗?

否定文は、主語の後に"不是"を置く。

　Wǒ bú shì dàxuéshēng.
　我 不 是 大学生。

練習　次の中国語を疑問文・否定文にしましょう。

1. Tā shì wǒ gēge.
   他 是 我 哥哥。（○哥哥：兄）

（疑）　　　　　　　　　　　　　　　（否）

14　shísì

第3课　Dì sān kè

Zhè shì tā de cídiǎn.
2. 这 是 他 的 词典。

（疑）　　　　　　　　　　　　（否）

Nàge rén shì wǒmen de lǎoshī.
3. 那个 人 是 我们 的 老师。（○老师：先生）

（疑）　　　　　　　　　　　　（否）

4 形容詞述語文

主語に関して、形容詞で説明する文である。肯定文の基本形は、

　　主語＋"很"＋形容詞

である。肯定文では、"很（hěn）"などの副詞を形容詞の前に置く。"很"は添えるだけで、通常、意味を持たない。また、疑問文・否定文では"很"を通常、用いない。
　　形容詞述語文では、英語のbe動詞にあたる"是"を用いないので要注意である。

Hànyǔ hěn zhòngyào.
汉语 很 重要。

Hànyǔ zhòngyào ma?
汉语 重要 吗?

Hànyǔ bú zhòngyào.
汉语 不 重要。

練習　次の中国語を疑問文・否定文にしましょう。

Nà běn cídiǎn hěn piányi.
1. 那 本 词典 很 便宜。

（疑）　　　　　　　　　　　　（否）

Rìběn hěn nuǎnhuo.
2. 日本 很 暖和。

（疑）　　　　　　　　　　　　（否）

shíwǔ　15

第 3 课　Dì sān kè

3. Wǒ hěn shūfu.
　我 很 舒服。（○舒服：気分がいい）

（疑）　　　　　　　　　　　　　（否）

★なお、中国語では、"是"構文や形容詞述語文は過去を表わす特定の表現があるわけではない。文脈によって、過去のことを表わすことができる。

Shí nián qián, wǒ shì dàxuéshēng.
　十 年 前，我 是 大学生。

Zuótiān hěn lěng.
　昨天 很 冷。

Dì sì kè

4　第4課　様々な疑問文と数に関する表現

1 疑問詞疑問文

中国語の疑問詞疑問文は、語順変化がない。これは日本語と同じである。"吗"疑問文とは異なり、文末に"吗？"を<u>つけない</u>ことに注意。

・人が誰かを尋ねる。（谁）

    Tā shì shuí?   Tā shì Lǐ Shān, shì wǒ de péngyou.
 A：她 是 谁？ B：她 是 李 珊，是 我 的 朋友。

・ものが何かを尋ねる。（什么）

    Zhè shì shénme? Zhè shì xiàngjī.
 A：这 是 什么？ B：这 是 相机。

・場所がどこかを尋ねる。（哪儿）

    Jiàoshì zài nǎr? Jiàoshì zài nàr.
 A：教室 在 哪儿？ B：教室 在 那儿。

・性質や方法を尋ねる。（怎么样，怎么）

    Zhège zěnmeyàng? Zhège hěn xiǎo.
 A：这个 怎么样？ B：这个 很 小。（性質）

    Zhège zì zěnme xiě?
   这个 字 怎么 写？　（方法）

・数がいくつかを尋ねる。（几，多少）

    Nǐ chī jǐ ge miànbāo? Wǒ chī sān ge.
 A：你 吃 几 个 面包？ B：我 吃 三 个。（○面包：パン）

    Zhèr yǒu duōshao rén? Zhèr yǒu sānshiwǔ ge rén.
 A：这儿 有 多少 人？ B：这儿 有 三十五 个 人。

・時間・時期がいつかを尋ねる。（几点，什么时候）

    Nǐ jǐ diǎn qǐchuáng? Wǒ bā diǎn qǐchuáng.
 A：你 几 点 起床？ B：我 八 点 起床。（○…点：…時）

    Nǐ shénme shíhou qù lǚxíng? Wǒ liù yuè qù lǚxíng.
 A：你 什么 时候 去 旅行？ B：我 六 月 去 旅行。

shíqī

第4課　Dì sì kè

・理由がなぜかを尋ねる。（为什么）

　　　　　Nǐ wèishénme xuéxí Hànyǔ?
Ａ：你 为什么 学习 汉语？

　　　　　Yīnwèi wǒ xǐhuan chī Zhōngguó cài.
Ｂ：因为 我 喜欢 吃 中国 菜。（○因为…：というのは…）

練習　次の文章の下線部を尋ねる疑問詞疑問文を作りなさい。

　　Zhè shì Hànyǔ kèběn.
1. 这 是 汉语 课本。（○课本：教科書）

　　Tā shì Lǐ lǎoshī.
2. 他 是 李 老师。

　　Wǒ yǒu sì běn cídiǎn.
3. 我 有 四 本 词典。

　　Wǒ liù diǎn chī zǎofàn.
4. 我 六 点 吃 早饭。（○早饭：朝食）

　　Wǒ gēge zài Dōngjīng.
5. 我 哥哥 在 东京。

2　反復疑問文・選択疑問文

・反復疑問文は、肯定形と否定形を並べて作る疑問文である。「"吗？"疑問文」と類似する疑問文である。なお、反復疑問文は "吗" を文末に付けない。

　　　　Nǐ xuéxí bu xuéxí Hànyǔ?
　　　你 学习 不 学习 汉语？

18　shíbā

第4课　Dì sì kè

 Nǐ yǒu mei you cídiǎn?
你 有 没 有 词典？

 Nǐ shì bu shi dàxuéshēng?
你 是 不 是 大学生？

 Hànyǔ zhòngyào bu zhòngyào?
汉语 重要 不 重要？

なお、否定形の部分は、文末に置くこともできる。

 Nǐ yǒu cídiǎn mei you?
你 有 词典 没 有？

 Nǐ shì dàxuéshēng bu shi?
你 是 大学生 不 是？

・選択疑問文は、二つの選択肢の間に"还是（háishi）"を置いて「AかBか」を選択させる構文である。"吗？"を文末に付けない。

 Nǐ xuéxí Hànyǔ, háishi xuéxí Rìyǔ?
你 学习 汉语，还是 学习 日语？

 Nǐ shì dàxuéshēng, háishi lǎoshī?
你 是 大学生，还是 老师？

練習　指示に従って書き直しなさい。

 Zhè shì nǐ de cídiǎn.
1. **这 是 你 的 词典。**（反復疑問文に）

 Tā hē chá.　niúnǎi
2. **她 喝 茶。**（"牛奶"を加えて、選択疑問文に）

 Nǐ qù Běijīng.　Shànghǎi
3. **你 去 北京。**（"上海"を加えて選択疑問文に）

第4课　Dì sì kè

4. 她 打扫 房间。（反復疑問文に）
   Tā dǎsǎo fángjiān.

3　数に関する表現

・日時について

時刻：…時＝…点　（一 点，　两 点，　三 点，……）
　　　　　　　　　 diǎn　 yì diǎn　liǎng diǎn　sān diǎn

日：…日＝…号　（一 号，　二 号，　三 号，……）
　　　　　　　 hào　yī hào　èr hào　sān hào

週：日曜日＝星期日，月曜日＝星期一，火曜日＝星期二，水曜日＝星期三，
　　　　　　 xīngqīrì　　　　　 xīngqīyī　　　　　 xīngqī'èr　　　　　xīngqīsān
　　木曜日＝星期四，金曜日＝星期五，土曜日＝星期六
　　　　　　 xīngqīsì　　　　　 xīngqīwǔ　　　　　 xīngqīliù

月：…月＝…月　（一 月，　二 月，　三 月，……）
　　　　　　yuè　yī yuè　èr yuè　sān yuè

時刻のみ「2」を"两"ということに注意。「2時20分」は"两 点 二十 分"とい
　　　　　　　　　　　　　　　　　　　　　　　　　　liǎng diǎn èrshí fēn
う。年号はそのまま"2015 年"という。
　　　　　　　　　　 èrlíngyīwǔ nián

・時間の長さについて

時間数：…時間＝…个 小时　（一 个 小时，两 个 小时，三 个 小时，……）
　　　　　　　　 ge xiǎoshí　　yí ge xiǎoshí　liǎng ge xiǎoshí　sān ge xiǎoshí

日数：…日間＝…天　（一 天，　两 天，　三 天，……）
　　　　　　　 tiān　yì tiān　liǎng tiān　sān tiān

週数：…週間＝…个 星期　（一 个 星期，两 个 星期，三 个 星期，……）
　　　　　　　 ge xīngqī　　yí ge xīngqī　liǎng ge xīngqī　sān ge xīngqī

月数：…ヶ月＝…个 月　（一 个 月，　两 个 月，　三 个 月，……）
　　　　　　　 ge yuè　yí ge yuè　liǎng ge yuè　sān ge yuè

年数：…年＝…年　（一 年，　两 年，　三 年，……）
　　　　　　 nián　yì nián　liǎng nián　sān nián

"天"と"年"には"个"はつかないことに注意。

Dì wǔ kè

5　第5課　数量補語とアスペクト、語気助詞

1 数量補語

　動詞の後に数量補語を置いて、動作の回数・時間数を表わす。中国語の「補語」は英語の補語とは全く異なり、動詞などに様々なことがらを補足して説明する。

　構文は、以下の順となる。

　　　主語＋動詞＋数量補語＋目的語

Wǒmen chī liǎng pán shuǐjiǎo.
我们　吃　两　盘　水饺。

Wǒ měitiān hē yì bēi niúnǎi.
我　每天　喝　一　杯　牛奶。（○每天：毎日）

なお、時刻や時期を表わす語は動詞の前に置く。時間の回数や量を表わす語とは位置が異なる。

Wǒ liù diǎn chī zǎofàn.
我　六　点　吃　早饭。

Wǒ měitiān xuéxí Hànyǔ.
我　每天　学习　汉语。

【練習】次の中国語を日本語にしなさい。

Tā měitiān jǐ diǎn qǐchuáng?
1. 她　每天　几　点　起床？

___

Wǒ hē liǎng bēi kāfēi.
2. 我　喝　两　杯　咖啡。（○咖啡：コーヒー）

___

Wǒ xuéxí liǎng ge xiǎoshí Hànyǔ.
3. 我　学习　两　个　小时　汉语。

___

èrshiyī　21

第 5 课　Dì wǔ kè

Wǒ gōngzuò hěn máng, yí ge yuè zhù bā tiān fàndiàn.
4. 我 工作 很 忙，一 个 月 住 八 天 饭店。（○住：泊まる　○饭店：ホテル）

2　実現・完成を表わす動態助詞の"了"

　具体的な動作を表わす動詞に関して、すでに行なわれた場合、実現・完成を表わす動態助詞"了（le）"を動詞の後に付ける。
構文は、以下の順となる。

　　主語＋動詞＋"了"＋限定語＋目的語

　Wǒ mǎile nà běn cídiǎn.
　我 买了 那 本 词典。

　Tā chīle sān ge miànbāo.
　他 吃了 三 个 面包。

疑問文は、文末に"吗？"を付ける。

　Nǐ kànle nà běn xiǎoshuō ma?
　你 看了 那 本 小说 吗？（○小说：小説）

否定文は、"没有（méiyǒu）"（"有"は省略可）を動詞の前につけ、"了"を削除する。

　Wǒ méi mǎi nà běn zázhì.
　我 没 买 那 本 杂志。（○杂志：雑誌）

限定語がない場合、"了"は文末に移動する。

　Wǒ mǎi zázhì le.
　我 买 杂志 了。

限定語がなく、"了"を動詞のあとに置いたままだと、そこで文章が終わらず、次に続く。

　Wǒ mǎile zázhì, suǒyǐ huíjiā le.
　我 买了 杂志，所以 回家 了。（○回：帰る）

第5课　Dì wǔ kè

練習　次の中国語を日本語にしなさい。

　　　Wǒ　hēle　liǎng bēi　niúnǎi.
1. 我　喝了　两　杯　牛奶。

___

　　　Nǐ　kànle　jǐ　běn　xiǎoshuō?
2. 你　看了　几　本　小说？

___

　　　Tā méi mǎi cídiǎn.
3. 他　没　买　词典。

___

　　　Chīle　zǎofàn,　gàn shénme?
4. 吃了　早饭，干　什么？

___

3　語気助詞の"了"

文末・句末に"了"を置き、事態・状況の出現・変化を表わす。

練習　次の中国語を日本語にしなさい。

　　　Wǒ yǐjing shì dàxuéshēng le.
1. 我　已经　是　大学生　了。

___

　　　Shùyè hóng le,　qiūtiān dào le.
2. 树叶　红　了，秋天　到　了。（○树叶：木の葉）

___

èrshisān　23

第 5 课　Dì wǔ kè

3. Xiànzài tiānqì nuǎnhuo le.
   现在 天气 暖和 了。

発 展　次の中国語を日本語にしなさい。

1. Wǒ míngtiān bú qù Chángchéng le.
   我 明天 不 去 长城 了。（○明天：明日／○长城：万里の長城）

2. Dàolù qīngjié le.
   道路 清洁 了。（○清洁：きれいだ）

3. "Nǐ jīnnián duō dà le?"　"Wǒ shíjiǔ suì le."
   "你 今年 多 大 了？"　"我 十九 岁 了。"

4　経験を表わす動態助詞の"过"

動詞の後に"过"を置くと、経験を表わす。

Wǒ páguo Fùshìshān.
我 爬过 富士山。（○爬：登る）

Wǒ qùguo liǎng cì Shànghǎi.
我 去过 两 次 上海。

否定文は、"没有"（"有"は省略可）を動詞の前につけ、"过"は残す。

Wǒ méi páguo Fùshìshān.
我 没 爬过 富士山。

第 5 课　Dì wǔ kè

練習　次の中国語を日本語に訳しなさい。

1. Wǒ xuéguo yì nián Hànyǔ.
   我 学过 一 年 汉语。

2. Nǐ tīguo jǐ nián zúqiú?
   你 踢过 几 年 足球？　（○踢足球：サッカーをする）

3. Wǒ méi hēguo píjiǔ.
   我 没 喝过 啤酒。

4. Wǒ kànguo sān cì Zhōngguó diànyǐng.
   我 看过 三 次 中国 电影。（○电影：映画）

5. Nǐ chīguo jǐ cì Běijīng kǎoyā?
   你 吃过 几 次 北京 烤鸭？　（○北京烤鸭：北京ダック）

第 6 課

Dì liù kè

Q: Wǒ rènshile yí ge nǚháizi, wǒ xiǎng gēn tā jiāowǎng, dànshì wǒ bù zhīdao nǚháizi de xīnqíng, qǐng gàosu wǒ.
我 认识了 一 个 女孩子，我 想 跟 她 交往，但是 我 不 知道 女孩子 的 心情，请 告诉 我。

A: Dì yī cì jiāo nǚpéngyou, dàjiā dōu huì jǐnzhāng. Búyào dānxīn zìjǐ de wàibiǎo. Yīnwèi nǚháizi gǎnqíng hěn xiānxì, suǒyǐ xiān nǔlì lǐjiě tā de gǎnqíng. Hái yǒu yìdiǎn, juéduì búyào tài chōngdòng. Yào jǐnliàng wēnróu.
第 一 次 交 女朋友，大家 都 会 紧张。不要 担心 自己 的 外表。因为 女孩子 感情 很 纤细，所以 先 努力 理解 她 的 感情。还 有 一点，绝对 不要 太 冲动。 要 尽量 温柔。

○跟…：…と ○但是：しかし ○请…：どうぞ…してください ○第一次：初めて ○都：みんな ○不要…：…してはならない ○先：まず ○还：さらに ○絶対（不…）：決して（…しない） ○太：とても

文 法

1 必然・推測の"会"

「～のはずである」「きっと～する」の意を持つ。"一定"などと組み合わされて使われることも多い。

練習 次の中国語を日本語にしなさい。

1. Jiānglái, nǐ huì zāoyù xǔduō de kùnnan.
   将来，你 会 遭遇 许多 的 困难。

26 èrshiliù

第6课　Dì liù kè

発展　次の中国語を日本語にしなさい。

1. Nà jiā shāngdiàn, yídìng huì yǒu nǐ yào de dōngxi.
   那 家 商店，一定 会 有 你 要 的 东西。(○要：必要だ)

2. Tā huí Rìběn yǐhòu, yídìng huì chángcháng lái zhèr.
   他 回 日本 以后，一定 会 常常 来 这儿。(○…以后：…したあと)

2　原因・結果の"因为…，所以～"

「……であるから、～である」という意味である。"因为"は原因（…なので）を表わす。"所以"は結果（だから）を表わす。"因为""所以"は両方を使ってもかまわない。

練習　次の中国語を日本語にしなさい。

1. Yīnwèi gǎnmào le, suǒyǐ méi qù xuéxiào.
   因为 感冒 了，所以 没 去 学校。

発展　次の中国語を日本語にしなさい。

1. Yīnwèi shì xiàbān de shíjiān, suǒyǐ diànchē hěn yōngjǐ.
   因为 是 下班 的 时间，所以 电车 很 拥挤。

2. Yīnwèi tā zuótiān méi shuìjiào, suǒyǐ jīntiān liǎnsè bù hǎo.
   因为 他 昨天 没 睡觉，所以 今天 脸色 不 好。

第 6 课　Dì liù kè

まとめ練習

A 次の中国語を日本語にしなさい。

1. Jīntiān de cài hěn hǎochī, wǒ yídìng huì zài lái zhè jiā cāntīng.
   今天 的 菜 很 好吃，我 一定 会 再 来 这 家 餐厅。

2. Yīnwèi xiàyǔ le, wǒ méi yǒu yǔsǎn, suǒyǐ yìzhí zài jiàoshì.
   因为 下雨 了，我 没 有 雨伞，所以 一直 在 教室。

3. Yīnwèi tā de shǒujī méi diàn le, suǒyǐ tā hěn zháojí.（○着急：焦る）
   因为 她 的 手机 没 电 了，所以 她 很 着急。

B 次の日本語を中国語にしなさい。

1. 彼は明日きっと来るはずです。（●明日：明天）

2. 来年中国に行くつもりなので、私たちはみな中国語を勉強します。
   　　　　　　　　　　　　　　　（●…するつもり：要…／●来年：明年）

第 7 課

Dì qī kè

Q: Wǒ shì dàxué yī niánjí de nánshēng. Zuótiān, wǒ shīliàn le. Wǒ jiǎnzhí bù zhīdao yīnggāi zěnyàng guò rìzi.
我 是 大学 一 年级 的 男生。 昨天， 我 失恋 了。我 简直 不 知道 应该 怎样 过 日子。

A: Shībài shì chénggōngzhīmǔ. Búyào huīxīn, jìxù nǔlì! Yǒu yì tiān nǐ jiù huì chéngwéi liàn'ài shèngshǒu. Xiànzài nǐ gāng jìnrù "liàn'ài dàxué". Nǐ bìxū xuéxí zěnmeyàng gēn nǚxìng jiāowǎng. Yǒu yì tiān nǐ zài yùdào yí ge lǐxiǎng de nǚxìng de shíhou, nǐ jiù néng yìngfu le.
失败 是 成功之母。 不要 灰心， 继续 努力！ 有 一 天 你 就 会 成为 恋爱 圣手。 现在 你 刚 进入"恋爱 大学"。你 必须 学习 怎么样 跟 女性 交往。 有 一 天 你 再 遇到 一 个 理想 的 女性 的 时候，你 就 能 应付 了。

○继续：継続する ○有一天：ある日 ○刚…：…したばかり ○进入：入る ○…时候：…の時

文　法

1 強調の"就"

"就"は副詞で、"就"の前後が強く近接してすきまなくつながっている意味を持つ。日本語としては、「……こそが、すぐに、……であるなら」などがある。文脈に応じて訳語を考える必要がある。

第7课　Dì qī kè

練習　次の中国語を日本語にしなさい。

　　　Wǒmen chīle jiù zǒu ba.
1. 我们 吃了 就 走 吧。（○走：行く、歩く）

発展　次の中国語を日本語にしなさい。

　　　Měitiān xuéxí, nǐ de Hànyǔ jiù huì jìnbù.
1. 每天 学习，你 的 汉语 就 会 进步。

　　　Wǒ hěn zǎo yǐqián jiù rènshi tāmen.
2. 我 很 早 以前 就 认识 她们。

2　可能の"能"

　可能を表わす助動詞に"能"がある。能力・条件の面で「〜ができる」と訳す場合のほかに、相手への問いかけにつかって、事実上の婉曲な依頼文・命令文になることもある。

練習　次の中国語を日本語にしなさい。

　　　Nǐ néng kàn Yīngwén bào ma?
1. 你 能 看 英文 报 吗？（○报：新聞）

発展　次の中国語を日本語にしなさい。

　　　Wǒ yì tiān néng zǒu wǔshí gōnglǐ.
1. 我 一 天 能 走 五十 公里。

第 7 课　Dì qī kè

　　　　Zhèr néng chōuyān.
2. 这儿 能 抽烟。（○抽烟：たばこを吸う）

___

まとめ練習

A 次の中国語を日本語にしなさい。

　　Tā bú qù, wǒ jiù bú qù le.
1. 他 不 去，我 就 不 去 了。

___

　　Nǐ néng ānjìng yìdiǎnr ma?
2. 你 能 安静 一点儿 吗?

___

　　Nǐ míngtiān de huìyì néng lái ma?
3. 你 明天 的 会议 能 来 吗?　（○会议：会議）

___

B 次の日本語を中国語にしなさい。

1. あなたは明日、参加できますか？

___

2. 彼こそが王先生です。

___

sānshiyī　31

第 8 課

17

Q: Rìběnrén yě chī jiǎozi ma?
日本人 也 吃 饺子 吗?

A: Rìběnrén hěn xǐhuan chī jiǎozi. Dànshì tāmen bú dà chī shuǐjiǎo, tāmen
日本人 很 喜欢 吃 饺子。但是 他们 不 大 吃 水饺, 他们

bǐjiào xǐhuan chī jiānjiǎo. Zài Rìběn, jiǎozi bú shì zhǔshí, shì bèi dàngzuò
比较 喜欢 吃 煎饺。在 日本, 饺子 不 是 主食, 是 被 当做

cài chī de. Gè guó yǒu gè guó bù tóng de chīfǎ, méi yǒu shénme guīdìng.
菜 吃 的。各 国 有 各 国 不 同 的 吃法, 没 有 什么 规定。

Nǐ kěyǐ xuǎnzé zìjǐ xǐhuan de chīfǎ.
你 可以 选择 自己 喜欢 的 吃法。

○…也：…も ○比较：比较的 ○煎饺：焼きギョウザ ○当做…：…として

文　法

1 介詞（前置詞）の"在・给・跟"

「"在" + 場所語 + V」の構造をとり、「～でVする」の意味を持つ。同様の構造をとるものとして、

「"跟" + 人 + V」（～とVする）
「"给" + 人 + V」（～にVする）

などがある。

32　sānshí'èr

第8课　Dì bā kè

練習　次の中国語を日本語にしなさい。

　　　Jīntiān wǒ gěi nǐ zuò fàn.
1. 今天 我 给 你 做饭。（○饭：ご飯）

発展　次の中国語を日本語にしなさい。

　　　Zài Zhōngguó zuì shòu huānyíng de Rìběn dòngmàn shì shénme?
1. 在 中国 最 受 欢迎 的 日本 动漫 是 什么?
　　　　　　　　　　　　（○受欢迎：人気がある／○动漫：アニメ）

　　　Wǒ gēn tā yìqǐ qù Zhōngguó.
2. 我 跟 他 一起 去 中国。（○一起：一緒に）

2　受動態の"被"

　「S+"被"+人+V……」の形を取る。「……される」と訳す。"被"の代わりに"叫""让"を用いることもある。

練習　次の中国語を日本語にしなさい。

　　　Wǒ de zìxíngchē bèi gēge qízǒu le.
1. 我 的 自行车 被 哥哥 骑走 了。（○自行车：自転車／○骑走：乗っていく）

発展　次の中国語を日本語にしなさい。

　　　Wǒ de xiàngjī bèi tā nònghuài le.
1. 我 的 相机 被 他 弄坏 了。（○弄坏：壊す）

sānshisān　33

第8课　Dì bā kè

  Nà běn xiǎoshuō bèi shuí jièzǒu le?
2. 那本 小说 被 谁 借走 了？（○借走：借りて持って行く）

___

> まとめ練習

A 次の中国語を日本語にしなさい。

  Gāng zuò de fàn, quán bèi tā yí ge rén chīwán le.
1. 刚 做 的 饭，全 被 他 一 个 人 吃完 了。（○全：全部）

___

  Tāmen zài nàr shuōhuà.
2. 他们 在 那儿 说话。

___

  Zhège zì de fāyīn hěn nán, dàjiā gēn wǒ niàn.
3. 这个 字 的 发音 很 难，大家 跟 我 念。

___

B 次の日本語を中国語にしなさい。

1. あなたは今日彼にどこで会うつもりですか？（●…に会う：跟…见面）

___

2. 私のギョウザは弟に食べられてしまった。（●食べてしまう：吃掉）

___

第 9 課

Dì jiǔ kè

Q: Wǒ de nǚpéngyou shì Rìběnrén. Wǒ dānxīn wǒ de fùmǔ huì fǎnduì wǒmen de jiāowǎng.
我 的 女朋友 是 日本人。我 担心 我 的 父母 会 反对 我们 的 交往。

A: Nǐ kěyǐ yìdiǎnyìdiǎnde tòulù nà(nèi)ge nǚpéngyou de shìqing. Nǐ jǐnliàng ràng nǐ fùmǔ zhīdao tā de yōudiǎn, ránhòu biǎomíng nǐ wèishénme xǐhuan tā. Nǐ bìxū ràng nǐ de fùmǔ zhīdao, yīnwèi tā de réngé gāoshàng, suǒyǐ nǐ cái xǐhuan tā de. Nǐ rúguǒ néng jiānchí zìjǐ de gǎnqíng, yǒu yì tiān yídìng néng huòdé nǐ fùmǔ de liàngjiě de. Búyào ràng guójí chéngwéi àiqíng de zhàng'ài.
你 可以 一点一点地 透露 那个 女朋友 的 事情。你 尽量 让 你 父母 知道 她 的 优点，然后 表明 你 为什么 喜欢 她。你 必须 让 你 的 父母 知道，因为 她 的 人格 高尚，所以 你 才 喜欢 她 的。你 如果 能 坚持 自己 的 感情，有 一 天 一定 能 获得 你 父母 的 谅解 的。不要 让 国籍 成为 爱情 的 障碍。

○透露：明らかにする ○必須：…しなければならない ○因为…，所以Aオ～：…であるからこそAは～する ○高尚：上品だ ○的：文末の「的」は確認の語気を表わす ○如果…：もし…なら ○障碍：障害

文 法

1 動詞を修飾する構造助詞の "地"

「……"地"V」の形をとり、「……の様子・態度でVする」などと訳す。

sānshiwǔ **35**

第9课　Dì jiǔ kè

練習　次の中国語を日本語にしなさい。

1. 他 高兴地 笑 了。（○高兴：うれしい）
   Tā gāoxìngde xiào le.

発展　次の中国語を日本語にしなさい。

1. 小 王 热烈地 欢迎 我们。（○热烈地：熱烈に／欢迎：歓迎する）
   Xiǎo Wáng rèliède huānyíng wǒmen.

2. 他 吃惊地 看 妈妈 一 眼，一 句 话 也 没 说。（○吃惊：驚く）
   Tā chījīngde kàn māma yì yǎn, yí jù huà yě méi shuō.

2　使役の"让"

「……するように言う」「……させる」という意味を表わす表現である。これを使役構文という。肯定形は「主語＋"让"＋対象＋動詞」という形をとる。

練習　次の中国語を日本語にしなさい。

1. 来晚 了，让 您 久 等 了。
   Láiwǎn le, ràng nín jiǔ děng le.

発展　次の中国語を日本語にしなさい。

1. 妈妈 不 让 他 看 漫画。
   Māma bú ràng tā kàn mànhuà.

第9课　Dì jiǔ kè

Nǐ ràng tā qù ba, wǒ méi kòng.
2. 你 让 他 去 吧，我 没 空。（○空：時間がある）

___

まとめ練習

A　次の中国語を日本語にしなさい。

Tā ràng wǒ kànle tā jiā de zhàopiàn.
1. 她 让 我 看 了 她 家 的 照片。（○照片：写真）

___

Tā de yuànwàng hěn kuàide jiù shíxiàn le.
2. 她 的 愿望 很 快地 就 实现 了。（○愿望：願い／○实现：実現する）

___

Rúguǒ ràng nǐ yí ge rén qù lǚxíng, nǐ qù nǎr?
3. 如果 让 你 一 个 人 去 旅行，你 去 哪儿？

___

B　次の日本語を中国語にしなさい。

1. 先生は私たちにたくさん宿題をやらせる。（●宿題：作业）

___

2. あなたは真剣に働くべきです。（●真剣に：认真地）

___

sānshíqī　37

第 10 課

Dì shí kè

🔊 19

Q

Wèishénme Rìběn de zúqiú bǐ Zhōngguó de zúqiú gāomíng ne?
为什么 日本 的 足球 比 中国 的 足球 高明 呢？

A

Zhè kěnéng gēn shèhuì quántǐ yǒuguān ba. Rìběn quánguó dōu yǒu zúqiú
这 可能 跟 社会 全体 有关 吧。日本 全国 都 有 足球

jùlèbù, suǒyǐ Rìběn de xiǎoháizi cóng xiǎoxué jiù kāishǐ liànxí tī zúqiú.
俱乐部，所以 日本 的 小孩子 从 小学 就 开始 练习 踢 足球。

Fùmǔqīn yě dōu jījíde xiézhù tāmen. Zhìyú Zhōngguó, suīrán fùmǔ yě
父母亲 也 都 积极地 协助 他们。至于 中国，虽然 父母 也

ràng háizimen cānjiā gè zhǒng kèwài huódòng, dànshì hǎoxiàng dōu shì yǐ
让 孩子们 参加 各 种 课外 活动，但是 好像 都 是 以

xuéxí wéi zhōngxīn, bú dà ràng háizimen jìnxíng tǐyù yùndòng. Zhōngguó
学习 为 中心，不大 让 孩子们 进行 体育 运动。 中国

háizimen de tǐyù yùndòng huánjìng kěnéng méi yǒu Rìběn lǐxiǎng.
孩子们 的 体育 运动 环境 可能 没 有 日本 理想。

○高明：優れている ○跟…有关：…に関係がある ○俱乐部：クラブ ○小孩子：こども ○积极地：積極的に
○至于…：…については ○以…为～：…を～とする ○环境：環境 ○可能：おそらく

文 法

1 比較の"比""没有"

比較は、次の構文をとる。

［肯定文］（Sは 比較対象 よりも……だ）
S ＋ "比" ＋ 比較対象 ＋ 形容詞（＋ 差異）。

38 sānshíbā

第10课 Dì shí kè

［否定文］（Sは 比較対象 ほど……ではない）
S ＋ "没有" ＋ 比較対象 ＋ 形容詞 。

練習 次の中国語を日本語にしなさい。

　　Jīntiān bǐ zuótiān lěng.
1. 今天 比 昨天 冷。

発展 次の中国語を日本語にしなさい。

　　Fēijī bǐ xīngànxiàn kuài liù ge xiǎoshí.
1. 飞机 比 新干线 快 六 个 小时。（○飞机：飛行機／○新干线：新幹線）

　　Wǒ méi yǒu tā mèimei nàme cōngming.
2. 我 没 有 他 妹妹 那么 聪明。

2 逆接の"虽然…但是…"

逆接構文。"但是"のかわりに"可是"（kěshì）"却"（què）なども用いられる。"虽然"は省略可。

練習 次の中国語を日本語にしなさい。

　　Suīrán tā shì Měiguórén, dànshì tā de Hànyǔ fēicháng hǎo.
1. 虽然 他 是 美国人，但是 他 的 汉语 非常 好。（○美国：アメリカ）

発展 次の中国語を日本語にしなさい。

　　Wǒ gēn tā tiāntiān jiànmiàn, dànshì hái bù zhīdao tā de míngzi.
1. 我 跟 她 天天 见面，但是 还 不 知道 她 的 名字。

第10课 Dì shí kè

Tā cái shí suì, dànshì yǐjing shì Běijīng Dàxué de xuésheng le.
2. 他 才 十 岁，但是 已经 是 北京 大学 的 学生 了。

まとめ練習

A 次の中国語を日本語にしなさい。

Dōngjīng de gōnggòng shèbèi bǐ qítā dūshì hǎo.
1. 东京 的 公共 设备 比 其他 都市 好。（○设备：設備）

Suīrán hénéng wūrǎn wèntí xiànzài hái méi wánquán jiějué, dànshì yídìng néng kèfú
2. 虽然 核能 污染 问题 现在 还 没 完全 解决，但是 一定 能 克服
kùnnan de.
困难 的。　　　　　　　　　　　　　　　　　　　（○核能污染：放射能汚染）

Suīrán Fùshìshān chéngwéi Shìjiè Yíchǎn le, dànshì rénmen huán-bǎo yìshí hái hěn dī.
3. 虽然 富士山 成为 世界 遗产 了，但是 人们 环保 意识 还 很 低。
　　　　　　　　　　　　　　　　　　　　　　　　（○环保：環境保護）

B 次の日本語を中国語にしなさい。

1. 今日は昨日よりずっと暑い。（●暑い：热／●ずっと：多了）

---

2. 彼は中国人だが、英語と日本語を話すことができる。

第 11 課

Dì shíyī kè

Q: Rìběn de fāngbiànmiàn wèishénme bǐ Zhōngguó de xiǎo?
日本 的 方便面 为什么 比 中国 的 小?

A: Rìběn de fāngbiànmiàn dàxiǎo, méi yǒu yídìng guīgé. Jìnkǒudào Zhōngguó de
日本 的 方便面 大小,没 有 一定 规格。进口到 中国 的

kěnéng dōu bǐjiào xiǎo ba. Yìbān lái jiǎng, bǐqǐ Zhōngguórén, Rìběnrén
可能 都 比较 小 吧。一般 来 讲,比起 中国人, 日本人

hǎoxiàng chīde hěn shǎo. Hái yǒu, yīnwèi Rìběnrén hěn huì bǎ dōngxi zuòde
好像 吃得 很 少。还 有,因为 日本人 很 会 把 东西 做得

jīngqiǎo-kě'ài, suǒyǐ fāngbiànmiàn yě yǒu de zuòde hěn xiǎo. Wèidao bǐ
精巧 可爱,所以 方便面 也 有 的 做得 很 小。味道 比

Zhōngguó de bù yóunì, bǐjiào qīngdàn.
中国 的 不 油腻,比较 清淡。

○方便面：インスタントラーメン ○进口到…：…に輸入される ○讲：話す、言う ○比起…：…と比較して
○很会：とても上手だ ○精巧可爱：巧みに作られた ○味道：味

文　法

1 様態補語

「様態補語」とは、動作の程度や結果を叙述したり評価したりする表現である。構文は次の通り。

　　主語　[（＋動詞）＋目的語]＋動詞＋"得"＋形容詞など

目的語が加わる時は、「（動詞）＋目的語」を主語の後に置く。

第11课　Dì shíyī kè

練習　次の中国語を日本語にしなさい。

　　　Tā shuō Hànyǔ shuōde hěn liúlì.
1. 他 说 汉语 说得 很 流利。（○流利：流暢である）

発展　次の中国語を日本語にしなさい。

　　　Tā tī zúqiú tīde búcuò.
1. 他 踢 足球 踢得 不错。（○不错：すばらしい）

　　　Tā měitiān dōu shuìde hěn wǎn.
2. 他 每天 都 睡得 很 晚。

2　処置文の"把"

処置文の構文は以下の通りである。

　　S ＋ "把" ＋ 目的語 ＋ V ……。

"把"とともに目的語を前置し、強調する構文である。通常、動詞は単独では使えず、何らかの成分（"了"など）を伴うか、複合動詞化する。

練習　次の中国語を日本語にしなさい。

　　　Bù néng bǎ zhè jiàn shì gàosu tā.
1. 不 能 把 这 件 事 告诉 他。

発展　次の中国語を日本語にしなさい。

　　　Xià chē shí búyào bǎ yǔsǎn wàngzài chēshang.
1. 下 车 时 不要 把 雨伞 忘在 车上。（○忘在…：…に忘れる）

第11课　Dì shíyī kè

Qǐng bǎ nà běn cídiǎn huángěi Xiǎo Guō.
2. 请把那本词典还给小郭。(○还给…：…に返す)

まとめ練習

A 次の中国語を日本語にしなさい。

Nǐ néng bu néng bǎ mén guānshang?
1. 你能不能把门关上？(○关上：閉める)

Zhè cì huìyì kāide hěn chénggōng.
2. 这次会议开得很成功。

Tīngshuō xīnxíng de Píngguǒpái shǒujī màide hěn hǎo.
3. 听说新型的苹果牌手机卖得很好。(○牌：ブランド／○卖：売る)

B 次の日本語を中国語にしなさい。

1. 彼はギョウザを包むのがとても速い。(●包む：包／●速い：快)

2. 私はこの本を読み終えた。(●読み終わる：看完)

第 12 課

Dì shí'èr kè

Q: Wǒ shì yí ge shíjiǔ suì de nǚháizi. Zuìjìn pàngle wǔ gōngjīn. Hěn xiǎng jiǎnféi, bù zhīdao yǒu mei you shénme hǎo bànfǎ?

我是一个十九岁的女孩子。最近胖了5公斤。很想减肥，不知道有没有什么好办法？

A: Rúguǒ xiǎng jiǎnféi, shǒuxiān, zuì hǎo búyào chī tián de dōngxi. Dànshì yě búyào chīde tài shǎo. Tèbié shì zǎofàn, zuì zhòngyào. Yídìng yào mànmānrde chī. Hái yǒu, jiǎnféi yào mànmānr lái, búyào tài xìngjí. Rúguǒ shòude tài kuài, mǎshàng yòu huì fāpàng de.

如果想减肥，首先，最好不要吃甜的东西。但是也不要吃得太少。特别是早饭，最重要。一定要慢慢儿地吃。还有，减肥要慢慢儿来，不要太性急。如果瘦得太快，马上又会发胖的。

○胖：太る ○公斤：キログラム ○减肥：ダイエットする ○办法：方法 ○首先：最初に ○甜：甘い
○要…：…しなければならない ○慢慢儿：だんだん ○马上：すぐに ○发胖：太る

文法

1 願望の"想"

「S+"想"+V……」の構文を取り、「……したい」という意味を持つ。"想要"・"要"でもほぼ同じ意味を持つ。

第 12 课　Dì shí'èr kè

練習　次の中国語を日本語にしなさい。

　　　Wèile xuéhǎo Hànyǔ, wǒ xiǎng shàng dàxué.
1. 为了 学好 汉语，我 想 上 大学。（○学好：しっかり学ぶ）

発展　次の中国語を日本語にしなさい。

　　　Wǒ xiǎng gēn nǐ yìqǐ qù túshūguǎn, xíng ma?
1. 我 想 跟 你 一起 去 图书馆，行 吗？（○图书馆：図書館）

　　　Wǒ xiǎng xiàng nín dǎting yíxià tā de jìnkuàng.
2. 我 想 向 您 打听 一下 他 的 近况。（○打听：尋ねる）

2　疑問詞の不定用法

　事物や時間、場所を漠然と表現する言い方。疑問文ではなく肯定文であることに注意。

練習　次の中国語を日本語にしなさい。

　　　Wǒmen bān yǒu èrshí jǐ ge xuésheng.
1. 我们 班 有 二十 几 个 学生。（○班：クラス）

発展　次の中国語を日本語にしなさい。

　　　Zhè jǐ tiān wǒ méi yǒu chī de dōngxi, wǒ xiǎng chī yìdiǎnr shénme.
1. 这 几 天 我 没 有 吃 的 东西，我 想 吃 一点儿 什么。

第 12 课　Dì shí'èr kè

Wǒmen hǎoxiàng zài shénme dìfang jiànguo miàn, shì ba.
2. 我们 好像 在 什么 地方 见过 面，是 吧。

___

まとめ練習

A 次の中国語を日本語にしなさい。

Wǒ jīntiān bù xiǎng hē jiǔ.
1. 我 今天 不 想 喝 酒。

___

Wǒ xiǎng wèn yí jiàn shì.
2. 我 想 问 一 件 事。

___

Xīngqīyī wǒ mǎile jǐ běn zázhì.
3. 星期一 我 买了 几 本 杂志。

___

B 次の日本語を中国語にしなさい。

1. 私は東京オリンピックを見に行きたいです。(●オリンピック：奥运会)

___

2. あなたは何か用事があるのですか？(●用事：事)

___

第 13 課

Dì shísān kè

🎧 22

Q

Wǒ jīnnián shí'èr suì. Zìjǐ juéde zhǎngde búcuò. Wǒ xiǎng jiārù AKB48,
我 今年 十二 岁。自己 觉得 长得 不错。我 想 加入 AKB48，

yīnggāi zěnme bàn hǎo ne?
应该 怎么 办 好 呢?

A

Nǐ bìxū xiān xuéhuì Rìyǔ. Ránhòu, nǐ bìxū yǒu yí ge tècháng. Rìběn
你 必须 先 学会 日语。然后，你 必须 有 一 个 特长。日本

chúle AKB yǐwài, hái yǒu, NMB, SKE, zhèxiē bǐjiào róngyì jiārù.
除了 AKB 以外，还 有 NMB，SKE，这些 比较 容易 加入。

Shànghǎi hái yǒu SNH, zhè(zhèi)ge yídìng bǐjiào róngyì jiārù ba! Zhǐyào
上海 还 有 SNH, 这个 一定 比较 容易 加入 吧！只要

huáibào xīwàng hé mèngxiǎng, yǒu yì tiān yídìng néng shíxiàn nǐ de
怀抱 希望 和 梦想，有 一 天 一定 能 实现 你的

yuànwàng, jiāyóu!
愿望， 加油！

○觉得…：…と感じる ○长得…：容貌が…だ ○办：する、おこなう ○怀抱：抱く ○梦想：夢
○加油：がんばれ

文 法

1 追加・除外の"除了……以外"

「……のほかは」

文脈によって、「……に加えて」（追加）の意味と、「……以外は」（除外）の意味とがある。

sìshíqī 47

第13课　Dì shísān kè

練習　次の中国語を日本語にしなさい。

  Chúle Sōngběn yǐwài, qítā de rén dōu lái le.
1. 除了 松本 以外，其他 的 人 都 来 了。

発展　次の中国語を日本語にしなさい。

  Zhège túshūguǎn, chúle xīngqīyī yǐwài, měitiān dōu kāifàng.
1. 这个 图书馆，除了 星期一 以外，每天 都 开放。（○开放：開館する）

  Chúle Měiguó yǐwài, tā hái qùguo Yīngguó hé Fǎguó.
2. 除了 美国 以外，他 还 去过 英国 和 法国。（○法国：フランス）

2　限定条件の"只要"

  "只要……"は「……しさえすれば」の意味である。うしろに"就""也"等が来る。

練習　次の中国語を日本語にしなさい。

  Zhǐyào nǐ yuànyì, jiù kěyǐ cānjiā.
1. 只要 你 愿意，就 可以 参加。（○愿意：願う）

発展　次の中国語を日本語にしなさい。

  Zhǐyào hǎohāorde xuéxí, jiù yídìng huì yǒu hǎo jiéguǒ de.
1. 只要 好好儿地 学习，就 一定 会 有 好 结果 的。（○好好儿地：しっかりと）

  Zhǐyào yǒu dōngxi chī jiù xíng le.
2. 只要 有 东西 吃 就 行 了。

第 13 课　Dì shísān kè

まとめ練習

A 次の中国語を日本語にしなさい。

1. Cānjiā wǎnhuì shí, chúle zìwǒ jièshào yǐwài, hái bìxū shuō yí ge xiàohua.
参加 晚会 时，除了 自我 介绍 以外，还 必须 说 一 个 笑话。

(○晚会：パーティ)

2. Zhǐyào yǒu Hànyǔ de ruǎnjiàn, jiù néng yòng diànnǎo dǎzì.
只要 有 汉语 的 软件，就 能 用 电脑 打字。

(○软件：ソフトウェア／○电脑：コンピュータ)

3. Zhǐyào nǐ gěi wǒ jīhuì, wǒ huì ràng nǐ àishang wǒ.
只要 你 给 我 机会，我 会 让 你 爱上 我。

(○给…～：…に～を与える／○爱上：好きになる)

B 次の日本語を中国語にしなさい。

1. 私と彼女を除いて、みな参加します。

2. あなたが彼女に電話をかけさえすれば、彼女はきっと来る。

Dì shísì kè
第 14 課

Q
Wǒ hěn xǐhuan Rìběn de dòngmàn, kěshì fùmǔ bú ràng wǒ kàn. Zěnme bàn?
我 很 喜欢 日本 的 动漫，可是 父母 不 让 我 看。怎么 办?

A
Rìběn de dòngmàn nèiróng hěn fēngfù, hái néng bǎ wǒmen dàijìn yí ge
日本 的 动漫 内容 很 丰富，还 能 把 我们 带进 一 个

chōngmǎn xīwàng hé mèngxiǎng de shìjiè qu. Dòngmàn lǐmian de yīnyuè yě
充满 希望 和 梦想 的 世界 去。动漫 里面 的 音乐 也

hěn yōuměi. Hǎochu hěn duō. Rúguǒ háizimen lǎoshì kàn dòngmàn ér wàngjì
很 优美。好处 很 多。如果 孩子们 老是 看 动漫 而 忘记

xuéxí, fùmǔqīn yídìng huì bú ràng háizimen kàn de. Yīncǐ rúguǒ nǐ
学习，父母亲 一定 会 不 让 孩子们 看 的。因此 如果 你

nǔlì xuéxí, qǔdé hǎo chéngjì, nàme nǐ fùmǔ jiù bú huì fǎnduì nǐ
努力 学习，取得 好 成绩，那么 你 父母 就 不 会 反对 你

kàn dòngmàn le.
看 动漫 了。

○动漫：アニメ ○丰富：豊か ○优美：優美だ ○老是：いつも

文 法

1 方向補語の"来""去"

　動詞の後につけて、動作の方向を明示する。話者の位置を基準とするものに"来"と"去"がある。"来"は自分に近づいてくることを、"去"は自分から遠ざかっていくことを表わす。目的語はおおむね、動詞と方向補語の間に置かれる。

第 14 课　Dì shísì kè

练习　次の中国語を日本語にしなさい。

1. Nǐ zìjǐ jìnqu ba.
   你 自己 进去 吧。

発展　次の中国語を日本語にしなさい。

1. Tā míngtiān huí Měiguó qu.
   他 明天 回 美国 去。

---

2. Lǎoshī jìn jiàoshì lai le.
   老师 进 教室 来 了。

2　仮定の"如果"

「もし……なら」という意味である。後続の文に"那么""就""会"が来ることもある。

练习　次の中国語を日本語にしなさい。

1. Rúguǒ tā qù, nàme wǒ jiù bú qù le.
   如果 他 去，那么 我 就 不 去 了。

発展　次の中国語を日本語にしなさい。

1. Rúguǒ míngtiān zhěngtiān xiàyǔ, nǐ xiǎng zuò shénme?
   如果 明天 整天 下雨，你 想 做 什么？　（○明天：明日／○整天：一日中）

第 14 课　Dì shísì kè

2. 如果 可以，我 想 跟 你 一起 去，行 吗?　(○可以：かまわない)
   Rúguǒ kěyǐ, wǒ xiǎng gēn nǐ yìqǐ qù, xíng ma?

まとめ練習

A　次の中国語を日本語にしなさい。

1. 如果 你 对 汉语 感 兴趣，那 就 和 我 一起 学习 吧。
   Rúguǒ nǐ duì Hànyǔ gǎn xìngqù, nà jiù hé wǒ yìqǐ xuéxí ba.
   (○对…感兴趣：…に興味がある)

2. 如果 发生 东海 大地震，静冈 会 怎么样 呢?
   Rúguǒ fāshēng Dōnghǎi dàdìzhèn, Jìnggāng huì zěnmeyàng ne?

3. 下次 我 带 生日 礼物 来。(○生日：誕生日／○礼物：プレゼント)
   Xiàcì wǒ dài shēngrì lǐwù lai.

B　次の日本語を中国語にしなさい。

1. 彼はすぐに宿舎にもどって来ますよ。(●すぐに：马上就)

2. もしも明日雨が降ったら、私は家で休みます。

52　wǔshí'èr

第 15 課

Dì shíwǔ kè

Wǒ shì dàxué èr niánjí de nánshēng. Wǒ àishangle yí ge nǚháizi,
我 是 大学 二 年级 的 男生。我 爱上了 一 个 女孩子，

zhěngtiān dōu zài xiǎngzhe tā de shìqing. Yīnggāi zěnyàng duì tā biǎobái ne?
整天 都 在 想着 她 的 事情。应该 怎样 对 她 表白 呢？

Tā duì shénme yǒu xìngqù? Àndìli diàochá yíxià ba. Ránhòu zài tā de
她 对 什么 有 兴趣？ 暗地里 调查 一下 吧。然后 在 她 的

shēngrì nà tiān sònggěi tā yí jiàn lǐwù, ràng tā zhīdao nǐ de xīnyì.
生日 那 天 送给 她 一 件 礼物，让 她 知道 你 的 心意。

Rúguǒ dédào de jiéguǒ zhǐ gěi nǐ shīwàng, yě búbì shāngxīn. Xià yí cì
如果 得到 的 结果 只 给 你 失望，也 不必 伤心。下 一 次

dāng nǐ zài yùdào yí ge nǐ xǐhuan de rén shí, nǐ kěyǐ bǎ zhè cì
当 你 再 遇到 一 个 你 喜欢 的 人 时，你 可以 把 这 次

de jīngyàn zuòwéi jiàocái, yídìng néng biǎoxiànde gèng xiāosǎ, bú huì zài
的 经验 作为 教材，一定 能 表现得 更 潇洒，不 会 再

shībài le ba.
失败 了 吧。

○在…：…している ○表白：告白する ○暗地里：密かに ○然后：そのあと ○送给…～：…に～を贈る
○伤心：傷つく ○当…时：…の時 ○作为…：…とする ○潇洒：おしゃれ、スマート

文 法

1 持続の"V 着"

動作や状態の持続を表わす表現に"着"がある。"正 zhèng"や"呢 ne"と一緒に使うこともある。

また、「S+V1"着" + V2 +……」の構文では、「V1"着"」は、手段や方式などを表わす。

第 15 课　Dì shíwǔ kè

練習　次の中国語を日本語にしなさい。

　　　Dàjiā jìngjìngrde tīngzhe tā de gēr.
1. 大家 静静地 听着 她 的 歌儿。

発展　次の中国語を日本語にしなさい。

　　　Dōngjīng chēzhàn lí zhèr bù yuǎn, wǒmen zǒuzhe qù ba.
1. 东京 车站 离 这儿 不 远，我们 走着 去 吧。

　　　　　　　　　　（○车站（単に"站"も可）：駅／○离…：…から）

　　　Tā zài shāfā shang zuòzhe ne.
2. 他 在 沙发 上 坐着 呢。（○沙发：ソファ）

2　2つの成分をとる動詞

　　動詞の中には授与動詞のように二重目的語をとるものがある。また、使役の意味を持つ動詞のように、「人＋動詞」をしたがえるものもある。

練習　次の中国語を日本語にしなさい。

　　　Dàjiā jiào wǒ Míngmíng.
1. 大家 叫 我 明明。

発展　次の中国語を日本語にしなさい。

　　　Nǐ néng jiāo wǒ Hànyǔ ma?
1. 你 能 教 我 汉语 吗?

第 15 课　Dì shíwǔ kè

Tā měitiān bāng wǒ zhěnglǐ zīliào.
2. 他 每天 帮 我 整理 资料。(○帮：手伝う)

___

まとめ練習

A 次の中国語を日本語にしなさい。

Wǒ lǐngzhe xuésheng cānguān guólì bówùguǎn.
1. 我 领着 学生 参观 国立 博物馆。(○领：連れる)

___

Wǒ gěi nǐ yì zhāng dìtú, zhèyàng nǐ jiù bú huì mílù le.
2. 我 给 你 一 张 地图，这样 你 就 不 会 迷路 了。

___

Wǒ xǐhuan tǎngzhe kàn xiǎoshuō.
3. 我 喜欢 躺着 看 小说。(○躺：横になる)

___

B 次の日本語を中国語にしなさい。

1. 赤いセーターを着ているのが私のガールフレンドです。

　　　　　　　　　　　　　(●赤い：红色／●セーター：毛衣)

___

2. あなたは事の真相を彼に伝えるつもりですか。

　　　　　　　　　　(●事の真相：事情的真相／●…するつもりだ：要…)

___

第 16 課

Dì shíliù kè

Q

Wǒ shì dàxué èr niánjí de nánshēng. Wǒ bǐjiào nèixiàng, méi yǒu yǒngqì gēn
我 是 大学 二 年级 的 男生。 我 比较 内向， 没 有 勇气 跟

rén jiāotán. Suǒyǐ méi yǒu péngyou, yīnggāi zěnyàng gēn rén jiāo péngyou ne?
人 交谈。 所以 没 有 朋友， 应该 怎样 跟 人 交 朋友 呢？

A

Shàngkè de shíhou rúguǒ nǐ yùdào shénme bù dǒng de dìfang, wènyiwen
上课 的 时候 如果 你 遇到 什么 不 懂 的 地方， 问一问

biéren. Huòzhě nǐ cānjiā xiǎozǔ huódòng, zhèyàng jiù nénggòu gēn biéren
别人。 或者 你 参加 小组 活动， 这样 就 能够 跟 别人

jiāoliú le. Hái yǒu, píngcháng jǐnliàng guānxīn nǐ de péngyou. Rúguǒ kàndào
交流 了。 还 有， 平常 尽量 关心 你 的 朋友。 如果 看到

biéren de yōudiǎn, shuōchū kǒu, zànměi tā.
别人 的 优点， 说出 口， 赞美 他。

○内向：内向的　○交谈：語り合う　○懂：わかる　○小组活动：サークル活動

文　法

1 補足説明の「"有"＋目的語＋V」

目的語の後の動詞が目的語を補足説明する用法である。

練　習　次の中国語を日本語にしなさい。

1. Fāshēng hànzāi shí hěn duō rén méi yǒu fàn chī, méi yǒu yīfu chuān.
发生 旱灾 时 很 多 人 没 有 饭 吃， 没 有 衣服 穿。（○旱灾：干ばつ）

第16课　Dì shíliù kè

練習　次の中国語を日本語にしなさい。

1. Měi ge rén dōu yǒu quánlì fābiǎo zìjǐ de yìjiàn.
   每 个 人 都 有 权力 发表 自己 的 意见。（○权利：権利）

2. Wǒ méi yǒu yǒngqì xiàng tā biǎodá wǒ de àimù.
   我 没 有 勇气 向 她 表达 我 的 爱慕。

2　動詞の重ね型

動詞を2回重ねて「VV」としたり、"一"をはさんで「V"一"V」とする場合、「ちょっと……する」「軽く……する」などと訳す。動作の印象を軽くするので、依頼文や命令文などで使われることがある。

練習　次の中国語を日本語にしなさい。

1. Nǐ shìshi zhè jiàn yīfu ba.
   你 试试 这 件 衣服 吧。

発展　次の中国語を日本語にしなさい。

1. Nǐ kànkan, zhèyàng xiě xíng bu xíng?
   你 看看，这样 写 行 不 行?

2. Qǐng nǐ zài děngdeng, xīnxíng de shǒujī jiùyào kāishǐ fànmài le, bié jízhe xiànzài mǎi jiùhuò.
   请 你 再 等等，新型 的 手机 就要 开始 贩卖 了，别 急着 现在 买 旧货。
   （○贩卖：発売する／○急着：慌てて）

第 16 课　Dì shíliù kè

まとめ練習

A　次の中国語を日本語にしなさい。

  Wǒmen méi yǒu qián chūbǎn zhè běn shū.
1. 我们 没 有 钱 出版 这 本 书。

  Shānshang yǒu yí zuò gǔsì, wǒmen qù cānguāncanguan ba.
2. 山上 有 一 座 古寺，我们 去 参观参观 吧。（○参观：参観する）

  Wǒ yǒu yí jiàn shìqing xiǎng wènwen nǐ.
3. 我 有 一 件 事情 想 问问 你。

B　次の日本語を中国語にしなさい。

1. あなたがたの考えをちょっと話してください。（●考え：想法）

2. 今晩私にはあなたと食事する時間がありません。

第 17 課

Dì shíqī kè

Q:

Chūn Jié huí lǎojiā duìyú wǒ lái shuō shì yí jiàn hěn tòngkǔ de shìqing.
春节 回 老家 对于 我 来 说 是 一 件 很 痛苦 的 事情。

Yīnwèi chúle yào mǎi hěn duō lǐwù yǐwài, zuì nánshòu de jiù shì yídìng
因为 除了 要 买 很 多 礼物 以外，最 难受 的 就 是 一定

yào bèi wèn "yǒu nǚpéngyou le mei you?".
要 被 问 "有 女朋友 了 没 有？"。

A:

Nà shì yīnwèi dàjiā xǐhuan nǐ de yuángù ya. Nǐ kěyǐ shuōshuo nǐ zài
那 是 因为 大家 喜欢 你 的 缘故 呀。你 可以 说说 你 在

dà chéngshì shēnghuó de qùshì. Zhè kěnéng bǐ shénme lǐwù dōu hǎo. Guānyú
大 城市 生活 的 趣事。这 可能 比 什么 礼物 都 好。关于

nǚpéngyou, nǐ kěyǐ shuō "xīwàng míngnián wǒ néng dàihuí yí ge nǚpéngyou
女朋友，你 可以 说 "希望 明年 我 能 带回 一 个 女朋友

lai gěi nǐmen kànkan!".
来 给 你们 看看！"。

○春节：春節（旧正月） ○老家：故郷の家 ○对于我来说：私にとって ○难受：つらい ○一定要：必ず…する ○缘故：理由 ○大城市：大都会

文 法

1 強調用法の疑問詞

「どんな……も」「いかなる……も」などと訳す。"也" "都" などと連用されることがあるので注意。

第17课　Dì shíqī kè

練習　次の中国語を日本語にしなさい。

　　　Wǒ gāng lái zhèli, shuí yě bú rènshi.
1.　我 刚 来 这里，谁 也 不 认识。

発展　次の中国語を日本語にしなさい。

　　　Yǒu shì de huà, nǐ shénme shíhou dōu kěyǐ lái zhǎo wǒ.
1.　有 事 的 话，你 什么 时候 都 可以 来 找 我。（○找：会いに来る）

　　　Zuìjìn wǒ juéde zuò shénme dōu yǒu xìnxīn, zhēn gāoxìng.
2.　最近 我 觉得 做 什么 都 有 信心，真 高兴。（○信心：自信）

2　介詞（前置詞）の"关于…"

　　範囲内容を示す。主語の前に置かれて「……に関して」となる場合と名詞の前に置かれて修飾し、「……に関する」となる場合とがある。

練習　次の中国語を日本語にしなさい。

　　　Guānyú shīshēng de liàn'ài, nǐ yǒu shénme yìjiàn?
1.　关于 师生 的 恋爱，你 有 什么 意见？（○师生：先生と学生）

発展　次の中国語を日本語にしなさい。

　　　Wǒ fāxiànle yí ge guānyú Lǐ lǎoshī de mìmì.
1.　我 发现了 一 个 关于 李 老师 的 秘密。（○发现：見つける）

第 17 课　Dì shíqī kè

2. Guānyú wǒmen de wèilái, nǐ yǒu shénme jìhuà ma?
   关于 我们 的 未来，你 有 什么 计划 吗？（○计划：計画）

まとめ練習

A 次の中国語を日本語にしなさい。

1. Guānyú Rìběnrén de chángshòu hé Rìběn cài de guānxi, Shìjiè Wèishēng Zǔzhī yǐjing kāishǐ yánjiū le.
   关于 日本人 的 长寿 和 日本 菜 的 关系，世界 卫生 组织 已经 开始 研究 了。
   　　　　　　　　　　　　　　　　　　　　　（○卫生：衛生／○组织：機関）

2. Shuí dōu zhīdao Fùshìshān yǐjing chéngwéi Shìjiè Wénhuà Yíchǎn le.
   谁 都 知道 富士山 已经 成为 世界 文化 遗产 了。

3. Fánshì guānyú zúqiú de wèntí, tā dōu néng huídá.
   凡是 关于 足球 的 问题，他 都 能 回答。（○凡是：すべて）

B 次の日本語を中国語にしなさい。

1. 彼らの結婚について、私は何も知りません。

2. 私はどんな音楽も聴きます。

第 18 課

Dì shíbā kè

Q: Wǒ shì dàxué sān niánjí de nánshēng, wǒ méi yǒu nǚpéngyou, qǐng gàosu wǒ
我 是 大学 三 年级 的 男生, 我 没 有 女朋友, 请 告诉 我

yào zěnyàng cái néng zhǎodào yí ge nǚpéngyou ne?
要 怎样 才 能 找到 一 个 女朋友 呢?

A: Wǒ yě shì dà sān, wǒ shì nǚde. Zhànzài nǚxìng de lìchǎng, wǒ rènwéi
我 也 是 大 三, 我 是 女的。站在 女性 的 立场, 我 认为

yǒude nǚháizi qīdài nánshēng cǎiqǔ jījí xíngdòng. Suǒyǐ rúguǒ nǐ fāxiàn
有的 女孩子 期待 男生 采取 积极 行动。所以 如果 你 发现

nǐ xǐhuan mǒurén, qǐng búyào chóuchú, zhuī! Jíshǐ bèi jùjué le, qiānwàn
你 喜欢 某人, 请 不要 踌躇, 追! 即使 被 拒绝 了, 千万

bié huīxīn, zài shìyishi. Yěxǔ tā de xīnqíng huì yīncǐ fāshēng biànhuà.
别 灰心, 再 试一试。也许 她 的 心情 会 因此 发生 变化。

Rúguǒ háishi bùxíng, nà jiù fàngqì tā, zài zhǎo bié de nǚháizi ba!
如果 还是 不行, 那 就 放弃 她, 再 找 别 的 女孩子 吧!

○要怎样：どうすれば ○站在…：…に立つ ○踌躇：躊躇する ○不行：だめだ、うまくいかない ○放弃：あきらめる

文 法

1 依頼文・命令文

"请…""你（您）""快…"で始まる文や"能…？""…吧"を含む文も婉曲な依頼文・命令文となることがある。動詞の重ね型や"一点儿"を含む文も依頼文・命令文になりうる。否定文は"不要…""别…"である。

第 18 课　Dì shíbā kè

練習　次の中国語を日本語にしなさい。

　　Qǐng dàjiā biǎoshì yíxià yìjiàn.
1. 请 大家 表示 一下 意见。

発展　次の中国語を日本語にしなさい。

　　Nǐ néng gēn wǒmen yìqǐ zǒu ma?
1. 你 能 跟 我们 一起 走 吗?

　　Kuàiyào kǎoshì le, bié kàn diànshì, kuài kàn shū.
2. 快要 考试 了，别 看 电视，快 看 书。（○电视：テレビ）

2　譲歩の"即使…也～"

「たとえ……であっても」という意味である。後ろに"也"をしたがえることが多い。「……」の部分には、具体例が一つ示される。

練習　次の中国語を日本語にしなさい。

　　Jíshǐ méi yǒu bié de ruǎnjiàn, wǒ yìdiǎnr yě bù juéde yǒu shénme bù fāngbiàn.
1. 即使 没 有 别 的 软件，我 一点儿 也 不 觉得 有 什么 不 方便。

（○软件：ソフトウェア／○方便：便利だ）

発展　次の中国語を日本語にしなさい。

　　Jíshǐ zhǐyǒu yì táng kè, xuéshengmen yě yīnggāi dào xuéxiào lái shàngkè.
1. 即使 只有 一 堂 课，学生们 也 应该 到 学校 来 上课。

---

liùshisān　63

第 18 课　Dì shíbā kè

Jíshǐ shìqing duō, yě gāi yǒu xiūxi de shíjiān.
2. 即使 事情 多，也 该 有 休息 的 时间。

まとめ練習

A 次の中国語を日本語にしなさい。

Wǒmen zài nà jiā kāfēiguǎnr xiūxixiūxi ba.
1. 我们 在 那 家 咖啡馆儿 休息休息 吧。

Niàn kèwén shí, qǐng dàshēng yìdiǎnr, zhèyàng kěyǐ tígāo jìyì.
2. 念 课文 时，请 大声 一点儿，这样 可以 提高 记忆。（○记忆：記憶）

Jíshǐ míngtiān xiàyǔ, yùndònghuì yě zhàocháng jǔxíng.
3. 即使 明天 下雨，运动会 也 照常 举行。（○照常：いつものように）

B 次の日本語を中国語にしなさい。

1. ケンカをするのはやめなさい。はやく部屋にもどって寝なさい。
　　　　　　　　　　　　　（●ケンカをする：吵架／●…にもどる：回到…）

2. 今夜寝なくても、このレポートを必ず書き終えなければならない。
　　（●レポート：报告／●必ず…しなければならない：一定要…／●書き終える：写完）

64　liùshísì

第 19 課
Dì shíjiǔ kè

Q: Wǒ zài wǒ nánpéngyou de fángjiān li ǒurán kàndào tā yǐqián de nǚpéngyou de zhàopiàn. Wǒ juéde wǒ méi you tā piàoliang, shēncái yě méi you tā miáotiao. Wǒ jiànjiānrde juéde méi you zìxìn jìxù gēn tā jiāowǎng le.

我在我男朋友的房间里偶然看到他以前的女朋友的照片。我觉得我没有她漂亮，身材也没有她苗条。我渐渐地觉得没有自信继续跟他交往了。

A: Jìrán tā xuǎnzéle nǐ, jiù biǎoshì nǐ yǒu shénme xīyǐn rén de dìfang, shèngguò tā yǐqián de nǚpéngyou. Tā yídìng bú zhòngshì wàibiǎo, ér zhòngshì rén de nèizài měi, yīncǐ tā cái huì xǐhuan nǐ de. Suǒyǐ nǐ yídìng yào zhēnxī nǐ kěguì de nèizài měi a!

既然他选择了你，就表示你有什么吸引人的地方，胜过他以前的女朋友。他一定不重视外表，而重视人的内在美，因此他才会喜欢你的。所以你一定要珍惜你可贵的内在美啊！

○没有…〜：…ほど〜ではない ○漂亮：きれい ○苗条：ほっそりしている ○渐渐地：だんだんと ○吸引：惹きつける ○不…而〜：…ではなく〜だ ○内在美：内側の美しさ

文 法

1 方位詞の"里"

地名は最初から場所の意味を持つが、一般名詞は、場所の意味を明確にするために、方位詞をつけなければならない。「〜の中」という時は、名詞の後に"里"をつける。「"手里"（手の中に）」「"院子里"（庭の中に）」など。

第 19 课　Dì shíjiǔ kè

練習　次の中国語を日本語にしなさい。

　　　　Fángjiān li méi yǒu rén, zhǐyǒu yì zhī xiǎomāo zài dǎhūlu.
1. 房间 里 没 有 人，只有 一 只 小猫 在 打呼噜。

（○只（zhī）：小動物の量詞／○打呼噜：いびきをかく）

発展　次の中国語を日本語にしなさい。

　　　Bīngxiāng li yǒu sān píng qìshuǐ.
1. 冰箱 里 有 三 瓶 汽水。

　　　Tā bèi xuésheng rènwéi shì xuéxiào li zuì hǎo de jiàoshī, yīnwèi cónglái bù diǎnmíng.
2. 他 被 学生 认为 是 学校 里 最 好 的 教师，因为 从来 不 点名。

（○点名：出席をとる）

2　条件・理由の"既然……"

　……するからには。……である以上は。"那么""就""也"などと呼応する。

練習　次の中国語を日本語にしなさい。

　　　Jìrán nǐ xiǎng qù dǎgōng, nàme jiù gǎnkuài qù ba, fánshì dōu yào zūnshǒu shíjiān.
1. 既然 你 想 去 打工，那么 就 赶快 去 吧，凡事 都 要 遵守 时间。

（○打工：アルバイトする／○赶快：早く／○遵守：守る）

発展　次の中国語を日本語にしなさい。

　　　Jìrán nǐ yǐjing lái le, nàme jiù yìqǐ chī wǎnfàn ba.
1. 既然 你 已经 来 了，那么 就 一起 吃 晚饭 吧。

第 19 课　Dì shíjiǔ kè

Jìrán nǐ juéde zhèyàng zuò bù hǎo, nà jiù yīnggāi lìngwài xiǎng bànfǎ.
2. **既然** 你 觉得 这样 做 不 好，那 就 应该 另外 想 办法。（○另外：別に）

まとめ練習

A 次の中国語を日本語にしなさい。

Dìdi zài fángjiān li tīngzhe yīnyuè.
1. 弟弟 在 房间 里 听着 音乐。

Nà jiā shāngdiàn li, yídìng huì yǒu nǐ xiǎng yào de dōngxi.
2. 那 家 商店 里，一定 会 有 你 想 要 的 东西。

Jìrán bú shì nǐ de cuòwù, nǐ yòu hébì zhème zìzé ne?
3. 既然 不 是 你 的 错误，你 又 何必 这么 自责 呢？
（○错误：間違い／○何必…：なぜ…する必要があるのか／○自责：自分を責める）

B 次の日本語を中国語にしなさい。

1. 教室にパソコンは何台ありますか？

---

2. すでに決定したからには、あなたも参加すべきです。

---

liùshíqī　67

第 20 課
Dì èrshí kè

Q:
Wǒ xiǎng gēn wǒ nǚpéngyou jiéhūn, kěshì tā zuò cài zuòde bù hǎochī. Wǒ
我 想 跟 我 女朋友 结婚，可是 她 做 菜 做得 不 好吃。我

zhēnde bù zhīdao yīnggāi bu yīnggāi jìxù jiāowǎng, zǒuxiàng jiéhūn de dàolù
真的 不 知道 应该 不 应该 继续 交往， 走向 结婚 的 道路

ne?
呢？

A:
Yí ge nǚháizi zuò cài zuòde hǎo, xiàng fànguǎn de chúshī yíyàng gāomíng,
一 个 女孩子 做 菜 做得 好，像 饭馆 的 厨师 一样 高明，

nǐ jiù xiǎng gēn tā jiéhūn ma? Bú shì ba! Nǐ shì yīnwèi ài tā
你 就 想 跟 她 结婚 吗？不 是 吧！你 是 因为 爱 她

suǒyǐ cái xiǎng gēn tā jiéhūn, shì ba! Zhǐyào mànmānrde xué, shuí dōu
所以 才 想 跟 她 结婚，是 吧！只要 慢慢儿地 学， 谁 都

néng bǎ cài zuòde hěn hǎo de. Wǒ jiànyì nǐmen liǎng ge rén yìqǐ
能 把 菜 做得 很 好 的。我 建议 你们 两 个 人 一起

zuò cài, zhèyàng tā jiù huì zhīdao nǐ xǐhuan chī shénme le. Érqiě yìqǐ
做 菜，这样 她 就 会 知道 你 喜欢 吃 什么 了。而且 一起

zuò cài yě hěn yǒuqù de.
做 菜 也 很 有趣 的。

○厨师：コック

第20课　Dì èrshí kè

文　法

1 類似の "跟（像）……一样（似的）"

「〜のようだ」。"跟" のかわりに "像" を使うこともある。また、形容詞・動詞がうしろに来るときは、"一样" のかわりに "这样" を用いることもある。

練習　次の中国語を日本語にしなさい。

　　　Shíjiān guòde hǎo kuài ya, wǒ érzi zhǎngde gēn wǒ yíyàng gāo le.
1. 时间 过得 好 快 呀，我 儿子 长得 跟 我 一样 高 了。（○儿子：息子）

発　展　次の中国語を日本語にしなさい。

　　　Rúguǒ wǒ xiàng nǐ zhèyàng cōngming, wǒ yídìng bàokǎo Dōngjīng Dàxué.
1. 如果 我 像 你 这样 聪明，我 一定 报考 东京 大学。（○报考：出願する）

　　　Wǒ yě yǒu yí ge gēn tā yíyàng de diànzǐ cídiǎn.
2. 我 也 有 一 个 跟 他 一样 的 电子 词典。

2 構造を読む

　　中国語の文の構造をつかむためには、基礎部分と修飾語を分けることが重要。動詞と目的語をまずつかんでおく。他に、節の切れ目がわかりにくいことがあるので注意のこと。

練習　次の中国語を日本語にしなさい。

　　　Méi xiǎngdào tā cái shí suì, jìngrán néng huídá zhèyàng yí ge lián dàren dōu juéde
1. 没 想到 他 才 十 岁，竟然 能 回答 这样 一 个 连 大人 都 觉得
　　fēicháng nán de wèntí.
　　非常 难 的 问题。　　　　　　　（○竟然：なんと／○连…都〜：…でさえも〜だ）

liùshíjiǔ　69

第20课　Dì èrshí kè

発展　次の中国語を日本語にしなさい。

1. 有事你就吩咐我吧。（○吩咐：命じる）
   Yǒu shì nǐ jiù fēnfu wǒ ba.

2. 站在东京晴空塔上能清楚地望见东京湾。
   Zhànzài Dōngjīngqíngkōngtǎ shang néng qīngchude wàngjian Dōngjīngwān.

   （○东京晴空塔：東京スカイツリー）

まとめ練習

A　次の中国語を日本語にしなさい。

1. 这次的访问在大家的协助之下很顺利地结束了。
   Zhè cì de fǎngwèn zài dàjiā de xiézhù zhī xià hěn shùnlìde jiéshù le.

   （○顺利地：順調に／○结束：終わる）

2. 虽然经过了这样一次海啸的打击，但是灾区的孩子们仍然像朝阳一样活泼。
   Suīrán jīngguòle zhèyàng yí cì hǎixiào de dǎjī, dànshì zāiqū de háizimen réngrán xiàng zhāoyáng yíyàng huópo.

   （○海啸：津波／○灾区：被災地／○仍然：依然として／○活泼：生き生きとしている）

3. 这个小孩长得跟樱桃小丸子一样，好可爱啊！
   Zhège xiǎohái zhǎngde gēn Yīngtáoxiǎowánzǐ yíyàng, hǎo kě'ài a!

   （○樱桃小丸子：ちびまる子ちゃん）

第20课　Dì èrshí kè

B 次の日本語を中国語にしなさい。

1. あなたの日本語は日本人のように流暢(りゅうちょう)ですね。

___

2. これは姉が去年、北京で買った辞書です。

___

【漢字の確認】

次の日本語を中国語に訳し、簡体字で書いたとき、正しいのはどちらでしょう。

※答えは p.87。

1) ウーロン茶
　　a 乌龙茶　　b 乌龙茶
2) 中華まんじゅう
　　a 包子　　b 包子
3) ラジオ
　　a 收音机　　b 収音机
4) ごめんなさい
　　a 対不起　　b 对不起
5) 先生
　　a 老師　　b 老师
6) 宿題
　　a 作亚　　b 作业
7) さようなら
　　a 再贝　　b 再见
8) 遠い
　　a 运　　b 远
9) お茶を飲む
　　a 渴茶　　b 喝茶
10) 手紙を書く
　　a 写信　　b 写信
11) スキーをする
　　a 滑雪　　b 滑雪
12) 真面目である
　　a 让真　　b 认真
13) タバコを吸う
　　a 抽煙　　b 吸烟
14) とき
　　a 时候　　b 时侯
15) 慌てる
　　a 着急　　b 着急
16) どうぞお掛けください
　　a 清座　　b 请坐

qīshíyī 71

第 21 課

Dì èrshiyī kè

Q: Wǒ gēn wǒ nánpéngyou jiāowǎng kuài liǎng nián le. Wǒ xiǎng zài xiàxīngqī sònggěi tā yí ge jìniànpǐn, qǐng gàosu wǒ sòng shénme hǎo ne?
我跟我男朋友交往快两年了。我想在下星期送给他一个纪念品，请告诉我送什么好呢？

A: Wǒ xiāngxìn zhǐyào shì nǐ chéngxīnchéngyì xuǎnzé de lǐwù, tā dōu yídìng huì xǐhuan de. Dāng nǐ zhēnde zài wèi tā zhuóxiǎng, rènzhēnde zài sīkǎo shénme dōngxi zuì shìhé tā de shíhou, duìyú tā lái shuō, nǐ běnshēn jiù shì zuì hǎo de lǐwù le. Rúguǒ tā sònggěi nǐ shénme jìniànpǐn, nǐ yīnggāi cóng xīnli zhēnxīnde gǎnxiè tā. Qǐng jìzhù, nǐ de xiàoróng jiù shì zuì hǎo de lǐwù. Zhù nǐmen xìngfú!
我相信只要是你诚心诚意选择的礼物，他都一定会喜欢的。当你真的在为他着想，认真地在思考什么东西最适合他的时候，对于他来说，你本身就是最好的礼物了。如果他送给你什么纪念品，你应该从心里真心地感谢他。请记住，你的笑容就是最好的礼物。祝你们幸福！

○相信：信じる ○着想…：…のことを思う ○适合：ふさわしい ○记住：記憶する ○祝：祈る

文　法

1 未来（将然）の"快要……了"

近い未来を表わす動態助詞。「もうすぐ……だ。」の意を表わす。"快"・"要"の一方が省略されることもある。

第21课　Dì èrshiyī kè

練習　次の中国語を日本語にしなさい。

Kuài fàngjià le, dàjiā dōu xiǎng dào nǎr qù wán ne?
1. 快 放假 了，大家 都 想 到 哪儿 去 玩 呢？

（○放假：休みになる／○玩：遊ぶ）

発展　次の中国語を日本語にしなさい。

Huǒchē kuàiyào jìn zhàn le, dàjiā qǐng zhànzài huángxiàn hòumian.
1. 火车 快要 进 站 了，大家 请 站在 黄线 后面。（○黄线：黄色い線）

Xuéle kuài sān nián le, dànshì Hànyǔ guǎngbō hái tīngbudǒng.
2. 学了 快 三 年 了，但是 汉语 广播 还 听不懂。

（○广播：ラジオ放送／○听不懂：(聞いて)わからない）

2　進行の"在"

進行を表わす。"正 zhèng"や"呢 ne"、"着 zhe"が併用されることもある。この"在"は動詞の前に置かれる。

練習　次の中国語を日本語にしなさい。

Nǐ zài zuò shénme ne, fàn hǎo le, kuài qù chī ba!
1. 你 在 做 什么 呢，饭 好 了，快 去 吃 吧！

発展　次の中国語を日本語にしなさい。

Háizimen zài shuìjiào, suǒyǐ qǐng qīngqīngde zǒu.
1. 孩子们 在 睡觉，所以 请 轻轻地 走。

第21课　Dì èrshíyī kè

Tā zài xiě bàogào ne, bié dǎjiǎo tā, yǒu shì wèn wǒ ba.
2. 他 在 写 报告 呢，别 打搅 他，有 事 问 我 吧。（○打搅：邪魔する）

___

まとめ練習

A 次の中国語を日本語にしなさい。

Tiān kuài hēi le, dànshì tā réngrán zài túshūguǎn zìxí.
1. 天 快 黑 了，但是 他 仍然 在 图书馆 自习。（○仍然：いまでも）

___

Tā huíjiā de shíhou, māma zhèngzài xǐ yīfu.
2. 他 回家 的 时候，妈妈 正在 洗 衣服。

___

Léi zài bù tíng de dǎzhe, děng yíhuìr yídìng huì xiàyǔ.
3. 雷 在 不 停 地 打着，等 一会儿 一定 会 下雨。

___

B 次の日本語を中国語にしなさい。

1. 私は中国に来てもうすぐ２年になります。

___

2. 彼はテレビを見ています。

___

第 22 課

Dì èrshi'èr kè

Q: Xià ge yuè wǒmen dàxué yǒu xiàohuā xuǎnjǔ, wǒ xiǎng cānjiā, yīnggāi zěnyàng cái néng bèi xuǎnshàng ne?
下 个 月 我们 大学 有 校花 选举，我 想 参加，应该 怎样 才 能 被 选上 呢?

校花一上台，
会场上就响起了
热烈的掌声！

ミスキャンパスが舞台に上がると、会場からは大きな拍手が沸き起こりました！

A: Xiàohuā, zhǎngde piàoliang dāngrán shì yí ge bǐjiào dà de yīnsù, dànshì bìng bú shì měi ge xiàohuā dōu zhǎngde hěn měi. Lìrú, wǒ yǒu yí ge péngyou, shì wǒmen dàxué de xiàohuā. Wǒmen shì qùnián rènshi de. Tā suīrán bìng bú shì shénme dà měirén, dànshì tā hěn yǒu gèxìng, jījíde gēn rén jiāowǎng, suǒyǐ hěn yǒu rényuán. Tā de shēnshang chōngmǎn gāoshàng de qìzhì, tā yí dào jiàoshì li lái, jiàoshì biàn dùnshí biànde hěn wēnnuǎn, xìn bu xìn yóu nǐ!

校花，长得 漂亮 当然 是 一 个 比较 大 的 因素，但是 并 不 是 每 个 校花 都 长得 很 美。例如，我 有 一 个 朋友，是 我们 大学 的 校花。我们 是 去年 认识 的。她 虽然 并 不 是 什么 大 美人，但是 她 很 有 个性，积极地 跟 人 交往，所以 很 有 人缘。她 的 身上 充满 高尚 的 气质，她 一 到 教室 里 来，教室 便 顿时 变得 很 温暖，信 不 信 由 你!

○校花：ミスキャンパス ○选上：選ぶ ○响起：（音や声が）わき上がる ○掌声：拍手の音 ○人缘：人気
○气质：性格、気立て ○顿时：すぐに

第22课　Dì èrshi'èr kè

文　法

1 存現文

　　文頭に便宜上の主語を置き、本当の主語は目的語の位置に置くことがある。これを存現文という。特に、自然現象を描写する時に、存現文が用いられる。便宜上の主語は、場所を表わす語を用いることが多い。

　　場所語（便宜上の主語）　＋　動詞　＋　目的語（真の主語）

練習　次の中国語を日本語にしなさい。

　　　　Tūrán　xiàle　yì cháng dàyǔ.
1. 突然 下了 一 场 大雨。（○场：場面などの量詞）

発展　次の中国語を日本語にしなさい。

　　　　Dàxué li fāshēngle yí jiàn dàshì, lǎoshīmen dōu hěn jǐnzhāng.
1. 大学 里 发生了 一 件 大事，老师们 都 很 紧张。

　　　　Jīntiān wǒmen gōngsī láile yí ge xīn zhíyuán.
2. 今天 我们 公司 来了 一 个 新 职员。（○公司：会社）

2 強調の"是…的"

　　「……のです」の意。過去の行為がどのようになされたのかを強調する構文。完成・実現には重点がなく、"了"はつけない。なお、"是"は肯定文では省略可能。目的語がある場合は、"的"の前後のどちらに置いてもいい。

練習　次の中国語を日本語にしなさい。

　　　　Tā shì zuótiān qù de Měiguó.
1. 她 是 昨天 去 的 美国。

第22课　Dì èrshi'èr kè

発展　次の中国語を日本語にしなさい。

1. XiǎoWáng shì zuò zǎoshang jiǔ diǎn de huǒchē lái Bīnsōng de.
   小王 是 坐 早上 9点 的 火车 来 滨松 的。

2. Nǐ shì gēn Wáng lǎoshī yìqǐ lái de ma?
   你 是 跟 王 老师 一起 来 的 吗？

まとめ練習

A　次の中国語を日本語にしなさい。

1. Jīntiān wǔfàn wǒ shì zài jiāli chī de, bú shì zài shítáng li chī de.
   今天 午饭 我 是 在 家里 吃 的，不 是 在 食堂 里 吃 的。

2. Nà jiā lāmiàn diàn bù xīnglóng, zuótiān wǎnshang zhǐ láile yí ge kèrén.
   那 家 拉面 店 不 兴隆，昨天 晚上 只 来了 一 个 客人。(○兴隆：繁盛する)

3. Pángbiān zuòzhe yí ge hěn piàoliang de nǚshēng, wǒ xiǎng hé tā dāshàn, kěshì méi yǒu yǒngqì.
   旁边 坐着 一 个 很 漂亮 的 女生，我 想 和 她 搭讪，可是 没 有 勇气。
   (○和…搭讪：…に話しかける)

B　次の日本語を中国語にしなさい。

1. 外は雪が降っていますよ。

2. あなたのスカートはどこで買ったのですか？

◎単語ミニ辞典◎

各課の新出単語をピンイン順に配列しました。
中国語、ピンイン、主たる意味、初出のページの順に記述しています。

A

爱慕	àimù	好きな気持ち	57
爱情	àiqíng	愛情	35
爱上	àishang	好きになる	49
安静	ānjìng	静かだ	31
暗地里	àndìli	密かに	53
奥运会	Àoyùnhuì	オリンピック	46

B

八	bā	八	12
吧	ba	よびかけの助詞	37
班	bān	クラス	45
办	bàn	する。おこなう	47
办法	bànfǎ	方法	44
帮	bāng	手伝う	55
包	bāo	包む	43
报	bào	新聞	30
报告	bàogào	レポート	64
报考	bàokǎo	出願する	69
杯	bēi	杯	12
北京	Běijīng	北京	19
北京 烤鸭	Běijīng kǎoyā	北京ダック	25
被…	bèi…	…される	32
本	běn	冊	12
本身	běnshēn	自身	72
比…	bǐ…	…よりも	38
比较	bǐjiào	比較的	32
比起	bǐqǐ	……と比較して	41
必	bì	必ず	53
必须	bìxū	……しなければならない	29
便	biàn	すぐに	75
变化	biànhuà	変化する	62
表白	biǎobái	告白する	53
表明	biǎomíng	表明する	11
表示	biǎoshì	表わす	63
表现	biǎoxiàn	ふるまう	53
别	bié	…しないで	57
别的	biéde	他の	62
别人	biéren	他の人	56
滨松	Bīnsōng	浜松	77
冰箱	bīngxiāng	冷蔵庫	66

并	bìng	それほど	75
博物馆	bówùguǎn	博物館	55
不	bù	しない	13
不必…	búbì…	必ずしも…ではない	53
不错	búcuò	すばらしい	42
不大…	búdà…	あまり…しない	32
不会	búhuì	はずがない	53
不…而～	bù…ér～	…ではなく～だ	65
不能	bùnéng	してはいけない	42
不停地	bùtíngde	ずっと	74
不同	bùtóng	異なる	32
不行	bùxíng	だめだ。うまくいかない	62
不要	búyào	……してはならない	26

C

才	cái	…でこそ	35
才	cái	わずかに	40
才能…	cáinéng…	ようやく…できる	62
采取	cǎiqǔ	取る	62
菜	cài	料理	13
参观	cānguān	参観する	55
参加	cānjiā	参加する	38
餐厅	cāntīng	レストラン	10
茶	chá	お茶	14
场	cháng	場面などの量詞	76
常常	chángcháng	いつも	27
长城	Chángchéng	万里の長城	24
长寿	chángshòu	長寿	61
吵架	chǎojià	ケンカをする	64
车	chē	車	42
车站	chēzhàn	駅	54
成…	chéng…	…になる	29
成功	chénggōng	成功する	29
成功之母	chénggōngzhīmǔ	成功の母	29
成绩	chéngjì	成績	50
成为…	chéngwéi…	…となる	29
诚心诚意	chéngxīnchéngyì	心を込めて	72
吃	chī	食べる	13
吃掉	chīdiào	食べてしまう	34
吃法	chīfǎ	食べ方	32

78 qīshibā

吃惊	chījīng	驚く	36
吃完	chīwán	食べ終わる	10
冲动	chōngdòng	感情的になる	10
充满	chōngmǎn	充ちる	50
抽烟	chōuyān	たばこを吸う	31
踌躇	chóuchú	躊躇する	62
出版	chūbǎn	出版する	58
厨师	chúshī	コック	68
穿	chuān	着る	56
春节	Chūn Jié	春節（旧正月）	59
词典	cídiǎn	辞典	10
次	cì	回	24
聪明	cōngming	聡明だ	10
从来	cónglái	これまで	66
错误	cuòwù	間違い	67

D

搭讪	dāshàn	話しかける	77
打	dǎ	（雷が）鳴る	74
打工	dǎgōng	アルバイトする	66
打呼噜	dǎhūlu	いびきをかく	66
打击	dǎjī	打撃	70
打搅	dǎjiǎo	邪魔する	74
打扫	dǎsǎo	掃除する	11
打听	dǎting	尋ねる	45
打字	dǎzì	タイピングする	49
大	dà	とても	32
大城市	dàchéngshì	大都会	59
大地震	dàdìzhèn	大地震	52
大家	dàjiā	みな	11
大人	dàren	大人	69
大三	dàsān	大学三年生	62
大声	dàshēng	大声でいう	64
大事	dàshì	大事件	76
大小	dàxiǎo	大小	41
大学	dàxué	大学	29
大学生	dàxuéshēng	大学生	14
大雨	dàyǔ	大雨	76
带	dài	連れる	50
带回	dàihuí	連れて戻る	59
带进	dàijìn	連れて入る	50
担心	dānxīn	心配する	10
但是	dànshì	しかし	26
当…时	dāng…shí	…の時	53
当然	dāngrán	当然	75
当做	dàngzuò	…として	32
到	dào	来る	23
道路	dàolù	道路	24
得到	dédào	手に入れる	53
地	de	構造助詞	35
的	de	確認の語気を持つ	35
…的话	…de huà	もし…なら	60
等	děng	待つ	36
低	dī	低い	40
第	dì	第	12
第一次	dì yī cì	初めて	26
弟弟	dìdi	弟	67
地方	dìfang	ところ	56
地图	dìtú	地図	55
地震	dìzhèn	地震	52
点	diǎn	時	17
点名	diǎnmíng	出席をとる	66
电	diàn	電気	28
电车	diànchē	電車	11
电脑	diànnǎo	コンピュータ	49
电视	diànshì	テレビ	63
电影	diànyǐng	映画	25
电子词典	diànzǐcídiǎn	電子辞典	69
调查	diàochá	調査する	53
东海	Dōnghǎi	東海地方	52
东京	Dōngjīng	東京	18
东京晴空塔	Dōngjīngqíngkōngtǎ	東京スカイツリー	70
东京湾	Dōngjīngwān	東京湾	70
东西	dōngxi	品物	10
懂	dǒng	わかる	56
动漫	dòngmàn	アニメ	33
都	dōu	みんな	26
都市	dūshì	都市	40
对…	duì…	…に	52
对-感兴趣	duì-gǎn xìngqù	…に興味がある	52
对于我来说	duìyú wǒ lái shuō	私にとって	59
对于…来说	duìyú…láishuō	…にとって	59
顿时	dùnshí	すぐに	75
多	duō	多い	50
多大	duōdà	何歳	24
多了	duōle	ずっと	40
多少	duōshao	どれくらい	17

単語ミニ辞典

E

儿子	érzi	息子	69
而	ér	そして	50
而且	érqiě	その上	68
二	èr	二	20

F

发表	fābiǎo	明らかにする	57
发胖	fāpàng	太る	44
发生	fāshēng	発生する	52
发现	fāxiàn	見つける	60
发音	fāyīn	発音	34
法国	Fǎguó	フランス	48
凡是	fánshì	すべて	61
反对	fǎnduì	反対する	35
饭	fàn	ご飯	34
饭店	fàndiàn	ホテル	22
饭馆	fànguǎn	レストラン	68
贩卖	fànmài	発売する	57
方便	fāngbiàn	便利だ	63
方便面	fāngbiànmiàn	インスタントラーメン	41
房间	fángjiān	部屋	10
访问	fǎngwèn	訪問	70
放假	fàngjià	休みになる	73
放弃	fàngqì	あきらめる	62
非常	fēicháng	とても	39
飞机	fēijī	飛行機	39
分	fēn	分	20
吩咐	fēnfu	命じる	70
丰富	fēngfù	豊か	50
父母	fùmǔ	父母	35
富士山	Fùshìshān	富士山	24

G

该	gāi	すべきだ	64
感情	gǎnqíng	感情	11
感冒	gǎnmào	風邪	11
感兴趣	gǎn xìngqù	興味を持つ	52
赶快	gǎnkuài	早く	66
干	gàn	する	23
刚	gāng	…したばかり	29
高	gāo	高い	69
高明	gāomíng	優れている	38
高尚	gāoshàng	上品だ	35
高兴	gāoxìng	うれしい	36
告诉	gàosu	告げる	11
哥哥	gēge	兄	14
歌儿	gēr	歌	54
各	gè	それぞれ	32
各国	gè guó	各国	32
各种	gè zhǒng	各種	38
个性	gèxìng	個性	75
个	ge	個など	12
个小时	ge xiǎoshí	時間	20
个星期	ge xīngqī	週間	20
个月	ge yuè	ヶ月	20
给…	gěi…	…に	33
给	gěi	…に～を与える	49
跟	gēn	…と	26. 32
跟…见面	gēn…jiànmiàn	…に会う	34
跟…有关	gēn…yǒuguān	…に関係がある	38
更	gèng	ずっと	53
公共	gōnggòng	公共の	40
公斤	gōngjīn	キログラム	44
公里	gōnglǐ	キロメートル	10
公司	gōngsī	会社	76
工作	gōngzuò	仕事をする	10
狗	gǒu	犬	12
古寺	gǔsì	古寺	58
关上	guānshang	閉める	43
关系	guānxi	関係	61
关心	guānxīn	関心を持つ	56
广播	guǎngbō	ラジオ放送	73
规定	guīdìng	きまり	32
规格	guīgé	規格	41
国籍	guójí	国籍	10
国立	guólì	国立	55
过	guò	過ごす	29
…过	…guo	…したことがある	24

H

还	hái	さらに	26
还是	háishi	あるいは	19
孩子	háizi	こども	10
海啸	hǎixiào	津波	70
汉语	Hànyǔ	中国語	9
旱灾	hànzāi	干ばつ	56
好	hǎo	よい	27
好	hǎo	とても	70

単語ミニ辞典

好吃	hǎochī	おいしい	11
好处	hǎochu	よい点	50
好好儿地	hǎohāorde	しっかりと	48
好像…	hǎoxiàng…	…のようだ	38
号	hào	日	20
喝	hē	飲む	14
何必	hébì	なぜ…する必要があるか	67
和…搭讪	hé…dāshàn	…に話しかける	77
核能污染	hénéng wūrǎn	放射能汚染	40
黑	hēi	暗い	74
很	hěn	副詞	15
很会	hěn huì	とても上手だ	41
红	hóng	赤い	23
红色	hóngsè	赤い	55
后面	hòumiàn	うしろ	73
话	huà	話	34
怀抱	huáibào	抱く	47
欢迎	huānyíng	人気	33
欢迎	huānyíng	歓迎する	36
环保	huán-bǎo	環境保護	40
环境	huánjìng	環境	38
还给…	huángěi…	…に返す	43
黄线	huángxiàn	黄色い線	73
灰心	huīxīn	がっかりする	10
回	huí	帰る	22
回答	huídá	答える	61
回到…	huídào…	…に戻る	64
会	huì	必ず	26
会议	huìyì	会議	31
活动	huódòng	活動	38
活泼	huópo	生き生きとしている	70
火车	huǒchē	列車	73
获得	huòdé	獲得する	11
或者	huòzhě	あるいは	56

J

机会	jīhuì	機会	49
积极	jījí	積極的な	62
积极地	jījíde	積極的に	38
即使	jíshǐ	たとえ	62
急着	jízhe	慌てて	57
几	jǐ	いくつ	17
几点	jǐdiǎn	何時	17
计划	jìhuà	計画	61
纪念品	jìniànpǐn	記念品	72
继续	jìxù	継続する	29
记忆	jìyì	記憶	64
记住	jìzhù	記憶する	72
家	jiā	軒	12
家	jiā	家	22
加入	jiārù	加入する	47
加油	jiāyóu	がんばれ	47
坚持	jiānchí	やり抜く	10
煎饺	jiānjiǎo	焼きギョウザ	32
减肥	jiǎnféi	ダイエットする	44
简直	jiǎnzhí	まったく	11
件	jiàn	件	42
渐渐地	jiànjiānrde	だんだんと	65
见面	jiànmiàn	会う	34
建议	jiànyì	提案する	68
将来	jiānglái	将来	26
讲	jiǎng	話す。言う	41
交	jiāo	つきあう	26
交流	jiāoliú	交流する	56
交朋友	jiāo péngyǒu	友達づきあいする	56
交谈	jiāotán	語り合う	56
交往	jiāowǎng	交際する	10
教	jiāo	教える	54
饺子	jiǎozi	餃子	11
叫…	jiào…	…と呼ぶ	54
教材	jiàocái	教材	53
教师	jiàoshī	教師	66
教室	jiàoshì	教室	28
结果	jiéguǒ	結果	48
结婚	jiéhūn	結婚	68
解决	jiějué	解決する	40
介绍	jièshào	紹介する	49
借走	jièzǒu	借りて持って行く	34
今年	jīnnián	今年	24
今天	jīntiān	今日	27
尽量	jǐnliàng	できるだけ	11
紧张	jǐnzhāng	緊張する	11
进	jìn	入る	50
进步	jìnbù	進歩する	11
进口到	jìnkǒudào	…に輸入される	41
进入	jìnrù	入る	29
进行	jìnxíng	行なう	38
进站	jìnzhàn	駅に入る	73
近况	jìnkuàng	近況	45
经过	jīngguò	経る	70

bāshíyī

単語ミニ辞典

经验	jīngyàn	経験	53
精巧可爱	jīngqiǎo-kě'ài	巧みに作られた	41
静冈	Jìnggāng	静岡	52
静静地	jìngjìngrde	静かに	54
竟然	jìngrán	なんと	69
九	jiǔ	九	12
久	jiǔ	長い	36
酒	jiǔ	酒	46
就	jiù	強調の副詞	29
就是	jiù shì	ほかでもなく	72
旧货	jiùhuò	古い品物	57
举行	jǔxíng	行なう	64
句	jù	ことばの量詞	36
拒绝	jùjué	拒否する	62
俱乐部	jùlèbù	クラブ	38
觉得	juéde	…と感じる	47
绝对	juéduì	決して（…しない）	26

K

咖啡	kāfēi	コーヒー	21
咖啡馆儿	kāfēiguǎnr	喫茶店	64
开放	kāifàng	開館する	48
开始	kāishǐ	始める	38
看	kàn	読む	25
看到	kàndào	見る	56
看完	kànwán	読み終わる	43
烤鸭	kǎoyā	ローストダック	25
可爱	kě'ài	かわいい	70
可贵	kěguì	貴重な	65
可能	kěnéng	おそらく	38
可是	kěshì	しかし	39
可以	kěyǐ	かまわない	52
可以	kěyǐ	してよい	32
课	kè	課	12
课本	kèběn	教科書	18
课外	kèwài	課外	38
课文	kèwén	課文	64
克服	kèfú	克服する	40
客人	kèrén	客	77
空	kòng	空き時間	37
口	kǒu	口	56
快	kuài	速い	37.43
快要	kuàiyào	もうすぐ…する	72
困难	kùnnan	困難	26

L

拉面店	lāmiàndiàn	ラーメン屋	77
来	lái	来る	27
来	lái	来る（方向補語）	50
老家	lǎojiā	故郷の家	59
老师	lǎoshī	先生	15
老是	lǎoshì	いつも	50
了	le	動態助詞・語気助詞	22.23
雷	léi	雷	74
冷	lěng	寒い	16
离…	lí…	…から	54
理解	lǐjiě	理解する	11
理想	lǐxiǎng	理想的	29
里面	lǐmian	なか	50
礼物	lǐwù	プレゼント	52
立场	lìchǎng	立場	62
例如	lìrú	たとえば	75
连…都～	lián…dōu~	…でさえも～だ	69
脸色	liǎnsè	顔色	11
恋爱	liàn'ài	恋愛	29
练习	liànxí	練習	11
两	liǎng	二	12
辆	liàng	台	12
谅解	liàngjiě	了解する・許す	11
领	lǐng	連れる	55
另外	lìngwài	別に	67
流利	liúlì	流暢である	42
六	liù	六	12
旅行	lǚxíng	旅行	17

M

妈妈	māma	母親	10
马上	mǎshàng	すぐに	44
马上就	mǎshàng jiù	すぐに	52
吗	ma	…か	13
买	mǎi	買う	13
卖	mài	売る	43
漫画	mànhuà	漫画	36
慢慢儿地	mànmānrde	だんだん	44
忙	máng	忙しい	22
毛衣	máoyī	セーター	55
没	méi	ない	13
没想到	méixiǎngdào	思いもよらず	69
没有…～	méiyǒu…~	…ほど～ではない	65

単語ミニ辞典

每个	měi ge	どの	57
每个人	měi ge rén	どの人も	57
每天	měitiān	毎日	21
美	měi	美しい	75
美国	Měiguó	アメリカ	39
妹妹	mèimei	妹	39
门	mén	ドア	43
梦想	mèngxiǎng	夢	47
迷路	mílù	道に迷う	55
秘密	mìmì	秘密	60
面包	miànbāo	パン	17
苗条	miáotiao	ほっそりしている	65
明年	míngnián	来年	28
明天	míngtiān	明日	24
名字	míngzi	名前	10
某人	mǒurén	誰か	62
母	mǔ	母	29

N

哪	nǎ	どれ	9
哪儿	nǎr	どこ	9
那	nà	あれ	9
那儿	nàr	あそこ	9
那么	nàme	それほど	39
那天	nàtiān	その日	53
难	nán	難しい	34
难受	nánshòu	つらい	59
男生	nánshēng	男子学生	10
呢	ne	確認・主張の語気	53
呢	ne	持続をあらわす	53
内容	nèiróng	内容	50
内向	nèixiàng	内向的	56
内在美	nèizàiměi	内側の美しさ	65
能	néng	できる	29
能够	nénggòu	できる	56
你	nǐ	あなた	9
你们	nǐmen	あなたたち	9
年	nián	年	20
年级	niánjí	年生	29
念	niàn	音読する	34
牛奶	niúnǎi	牛乳	10
弄坏	nònghuài	壊す	33
努力	nǔlì	努力する	11
女	nǚ	女	26
女的	nǚde	女	62
女孩子	nǚháizi	女の子	26
女朋友	nǚpéngyou	ガールフレンド	26
女性	nǚxìng	女性	29
暖和	nuǎnhuo	暖かい	11

O

偶然	ǒurán	偶然	65

P

爬	pá	登る	24
牌	pái	ブランド	43
盘	pán	皿	12
旁边	pángbiān	近く	77
胖	pàng	太る	44
朋友	péngyǒu	友達	10
啤酒	píjiǔ	ビール	10
便宜	piányi	安い	10
漂亮	piàoliang	きれい	65
瓶	píng	本	12
平常	píngcháng	ふだん	56
苹果	píngguǒ	りんご	10
苹果	Píngguǒ	アップル（社）	43

Q

七	qī	七	12
期待	qīdài	期待する	62
其他	qítā	その他	40
骑走	qízǒu	乗っていく	33
起床	qǐchuáng	起床する	17
汽水	qìshuǐ	サイダー	66
气质	qìzhì	性格、気立て	75
铅笔	qiānbǐ	鉛筆	12
千万	qiānwàn	決して	62
钱	qián	お金	58
清楚地	qīngchude	はっきりと	70
清淡	qīngdàn	淡泊である	10
清洁	qīngjié	きれいだ	24
轻轻地	qīngqīngde	そっと	73
请	qǐng	どうぞ…してください	26
秋天	qiūtiān	秋	23
取得	qǔdé	取る	50
去	qù	行く	13
去	qù	去る（方向補語）	50
趣事	qùshì	楽しみ	59
全	quán	全部	34

単語ミニ辞典

全国	quánguó	全国	38
权利	quánlì	権利	57
却	què	しかし	39

R

然后	ránhòu	その後で	10
热	rè	暑い	40
热烈地	rèliède	熱烈に	36
人格	réngé	人格	10
人缘	rényuán	人気	75
认识	rènshi	知っている	11
认为	rènwéi	思う	62
认真地	rènzhēnde	真剣に	37
仍然	réngrán	いまでも	74
日本	Rìběn	日本	9
日语	Rìyǔ	日本語	9
日子	rìzi	日にち	11
容易	róngyì	容易	47
如果	rúguǒ	もし…なら	35
软件	ruǎnjiàn	ソフトウェア	49

S

三	sān	三	12
沙发	shāfā	ソファ	54
商店	shāngdiàn	商店	27
伤心	shāngxīn	傷つく	53
上	shàng	入る	45
上海	Shànghǎi	上海	19
上课	shàngkè	授業に出る	11
上台	shàngtái	ステージにあがる	75
少	shǎo	少ない	41
设备	shèbèi	設備	40
身材	shēncái	からだ	65
身上	shēnshang	からだ	75
什么	shénme	何	17
什么时候	shénme shíhou	いつ	17
生活	shēnghuó	生活	59
生日	shēngrì	誕生日	52
胜过	shèngguò	勝っている	65
圣手	shèngshǒu	名手	11
失败	shībài	失敗	29
失恋	shīliàn	失恋	29
失望	shīwàng	失望	53
师生	shīshēng	先生と学生	60
时	shí	時	42

时候	shíhou	…の時	29
时间	shíjiān	時間	10
食堂	shítáng	食堂	77
实现	shíxiàn	実現する	37
试	shì	試す	57
是	shì	です	14
事	shì	事	42
事	shì	用事	46
事情	shìqing	事情	35
事情的真相	shìqing de zhēnxiàng	事の真相	55
适合	shìhé	ふさわしい	72
世界	shìjiè	世界	40
世界卫生组织	Shìjiè Wèishēng Zǔzhī	WHO	61
手机	shǒujī	携帯電話	11
首先	shǒuxiān	最初に	44
受欢迎	shòu huānyíng	人気がある	33
书	shū	本	12
舒服	shūfu	気分がいい	16
树叶	shùyè	木の葉	23
谁	shuí	誰	17
水饺	shuǐjiǎo	水餃子	11
睡	shuì	寝る	42
睡觉	shuìjiào	眠る	11
顺利地	shùnlìde	順調に	70
说出口	shuōchū kǒu	口に出す	56
说话	shuōhuà	話をする	34
思考	sīkǎo	考える	72
四	sì	四	12
送	sòng	贈る	72
送给	sònggěi	…に～を贈る	53
岁	suì	歳	24
所以	suǒyǐ	だから	26

T

他	tā	彼	9
他们	tāmen	彼ら	9
她	tā	彼女	9
她们	tāmen	彼女たち	9
太	tài	とても	26
堂	táng	授業の量詞	63
躺	tǎng	横になる	55
特别	tèbié	とりわけ	44
特长	tècháng	長所	47

単語ミニ辞典

踢	tī	蹴る	25
踢足球	tī zúqiú	サッカーをする	25
提高	tígāo	高める	64
体育	tǐyù	スポーツ	38
天	tiān	日間	20
天	tiān	空	74
天气	tiānqì	天気	24
天天	tiāntiān	毎日	39
甜	tián	甘い	44
条	tiáo	匹	12
听不懂	tīngbudǒng	（聞いて）わからない	73
听说	tīngshuō	聞くところでは	43
停	tíng	止まる	74
同	tóng	同じ	32
痛苦	tòngkǔ	いやだ	59
透露	tòulù	明らかにする	35
突然	tūrán	突然	76
图书馆	túshūguǎn	図書館	45

W

外表	wàibiǎo	外面	11
玩	wán	遊ぶ	73
完全	wánquán	完全に	40
晚	wǎn	遅い	36
晚会	wǎnhuì	パーティ	49
晚上	wǎnshang	夜	77
忘记	wàngjì	忘れる	50
忘在	wàngzài	…に忘れる	42
望见	wàngjian	望み見る	70
为…	wéi…	…となる	29
为…	wèi…	…のため	72
为什么	wèishénme	なぜ	18
味道	wèidao	味	41
未来	wèilái	みらい	11
温暖	wēnnuǎn	暖かい	75
温柔	wēnróu	優しい	10
文化	wénhuà	文化	61
问	wèn	尋ねる	46
问题	wèntí	問題	40
我	wǒ	私	9
我们	wǒmen	我々	9
五	wǔ	五	12
午饭	wǔfàn	昼ご飯	77

X

希望	xīwàng	希望	47
吸引	xīyǐn	惹きつける	65
洗	xǐ	洗う	74
喜欢	xǐhuan	好きだ	11
下	xià	下	70
下班	xiàbān	退勤する	11
下车	xiàchē	下車する	42
下次	xià cì	今度	52
下个月	xià ge yuè	来月	75
下星期	xià xīngqī	来週	72
下一次	xià yí cì	次回	53
下雨	xiàyǔ	雨が降る	11
先	xiān	まず	26
纤细	xiānxì	繊細だ	10
现在	xiànzài	今	24
相信	xiāngxìn	信じる	72
相机	xiàngjī	カメラ	11
想…	xiǎng…	…したい	26
想法	xiǎngfǎ	考え	58
向…	xiàng…	…に、…に向かって	45
响起	xiǎngqǐ	（音や声が）わき上がる	75
潇洒	xiāosǎ	おしゃれ、スマート	53
小	xiǎo	小さい	17
小孩子	xiǎoháizi	こども	38
小猫	xiǎomāo	小さい猫	66
小时	xiǎoshí	時間	20
小说	xiǎoshuō	小説	22
小学	xiǎoxué	小学校	38
小组活动	xiǎozǔ huódòng	サークル活動	56
校花	xiàohuā	ミスキャンパス	75
笑	xiào	笑う	36
笑话	xiàohua	笑い話	49
协助	xiézhù	協力する	10
写	xiě	書く	17
写完	xiěwán	書き終える	64
新干线	xīngànxiàn	新幹線	39
新型	xīnxíng	新型	43
心情	xīnqíng	気持ち	26
心意	xīnyì	気持ち	53
信	xìn	信じる	75
信心	xìnxīn	自信	60
兴隆	xīnglóng	繁盛する	77
星期	xīngqī	曜日、週間	20

bāshiwǔ 85

単語ミニ辞典

星期二	xīngqī'èr	火曜日	20
星期六	xīngqīliù	土曜日	20
星期日	xīngqīrì	日曜日	20
星期三	xīngqīsān	水曜日	20
星期四	xīngqīsì	木曜日	20
星期五	xīngqīwǔ	金曜日	20
星期一	xīngqīyī	月曜日	20
行	xíng	よろしい	45
行动	xíngdòng	行動	62
性急	xìngjí	性急	44
兴趣	xìngqù	興味	52
休息	xiūxi	休息	64
许多	xǔduō	多くの	11
选举	xuǎnjǔ	コンテスト	75
选上	xuǎnshàng	選ぶ	75
选择	xuǎnzé	選ぶ	11
学好	xuéhǎo	きちんと学ぶ	45
学习	xuéxí	学ぶ	10
学校	xuéxiào	学校	27

Y

呀	ya	語気助詞	59
研究	yánjiū	研究する	61
要…	yào…	…するつもり	26, 55
要	yào	必要だ	27
要…	yào…	…しなければならない	26, 44
要怎样	yàozěnyàng	どうすれば	62
…也	…yě	…も	32
也许	yěxǔ	もしかしたら	62
一	yī	一	12
一…就～	yī…jiù～	…するとすぐに～する	75
一次	yí cì	一度	70
一定	yídìng	きっと	10
一定	yídìng	一定の	41
一定要…	yídìng yào…	必ず…しなければならない	64
一定要	yídìng yào	必ず…する	59
一会儿	yíhuìr	しばらく	74
一句	yí jù	ひとこと	36
一下	yí xià	ちょっと	53
一般	yìbān	一般的	41
一般来讲	yìbān lái jiǎng	一般論で言えば	41
一点	yìdiǎn	少し	26
一点儿	yìdiǎnr	少し	31
一点儿 也 不…	yìdiǎnr yě bù…	少しも…ない	63
一起	yìqǐ	一緒に	33
一眼	yìyǎn	一目	36
一直	yìzhí	ずっと	11
衣服	yīfu	服	56
遗产	yíchǎn	遺産	40
已经	yǐjing	すでに	11
…以后	…yǐhòu	…したあと	27
以前	yǐqián	以前	30
以…为～	yǐ…wéi～	…を～とする	38
意见	yìjiàn	意見	57
意识	yìshí	意識	40
因此	yīncǐ	だから	50
因素	yīnsù	要素	75
因为…	yīnwèi…	というのは……であるから	18, 26
因为…所以 A 才～	yīnwèi…suǒyǐ cái～	…であるからこそ A は～する	35
音乐	yīnyuè	音楽	50
应该…	yīnggāi…	…すべきだ	10
英国	Yīngguó	イギリス	48
英文	Yīngwén	英語	10
樱桃小丸子	Yīngtáoxiǎowánzǐ	ちびまる子ちゃん	70
应付	yìngfu	対応する	11
拥挤	yōngjǐ	混雑する	10
勇气	yǒngqì	勇気	56
用…	yòng…	…で	49
优点	yōudiǎn	長所	10
优美	yōuměi	優美だ	50
由…	yóu…	…次第だ	75
油腻	yóunì	油っこい	10
有	yǒu	ある・持つ	13
有关	yǒuguān	関係がある	38
有趣	yǒuqù	おもしろい	68
有一天	yǒu yì tiān	ある日	29
雨伞	yǔsǎn	雨傘	11
遇到	yùdào	出会う	11
缘故	yuángù	理由	59
远	yuǎn	遠い	54
愿望	yuànwàng	願い	37
愿意	yuànyì	願い	48
月	yuè	月	20

単語ミニ辞典

| 运动 | yùndòng | 運動 | 38 |
| 运动会 | yùndònghuì | 運動会 | 64 |

Z

杂志	zázhì	雑誌	22
灾区	zāiqū	被災地	70
在…	zài…	…にいる	28
在…	zài…	…で	32
在…	zài…	…している	53
再	zài	もう一度	28
赞美	zànměi	ほめる	56
遭遇	zāoyù	出会う	26
早	zǎo	早い	30
早饭	zǎofàn	朝食	18
早上	zǎoshang	朝	77
怎么	zěnme	どのように	17
怎么样	zěnmeyàng	どのように	17
怎样	zěnyàng	どのように	29
站	zhàn	駅	54
站在…	zhànzài…	…に立つ	62
张	zhāng	枚	55
长得…	zhǎngde…	成長ぶりが…だ、容貌が…だ	47
掌声	zhǎngshēng	拍手の音	75
障碍	zhàng'ài	傷害	35
朝阳	zhāoyáng	朝日	70
着急	zháojí	焦る	28
找	zhǎo	会いに来る	60
找	zhǎo	探す	62
找到	zhǎodào	探し当てる	62
照常	zhàocháng	いつものように	64
照片	zhàopiàn	写真	37
这	zhè	これ	9
这儿	zhèr	ここ	9
这次	zhècì	今回	70
这里	zhèli	ここ	60
这么	zhème	そんなに	67
这样	zhèyàng	そうすれば	55
着	zhe	している	53, 73
真	zhēn	本当に	60
真的	zhēnde	本当に	68
真心地	zhēnxīnde	心から	72
珍惜	zhēnxī	大切にする	65
整天	zhěngtiān	一日中	51
整理	zhěnglǐ	整理する	55
正…	zhèng…	…している	53
之	zhī	の	29
…之下	…zhī xià	…の下	70
支	zhī	本	12
只	zhī	小動物の量詞	66
知道	zhīdao	知っている	10
职员	zhíyuán	職員	76
只	zhǐ	単に	53
只要	zhǐyào	しさえすれば	47
至于…	zhìyú…	…については	38
中国	Zhōngguó	中国	9
中心	zhōngxīn	中心	38
种	zhǒng	種類	38
重视	zhòngshì	重視する	65
重要	zhòngyào	重要だ	15
主食	zhǔshí	主食	32
住	zhù	泊まる	22
祝	zhù	祈る	72
追	zhuī	追い求める	62
着想…	zhuóxiǎng…	…のことを思う	72
资料	zīliào	資料	55
字	zì	字	17
自己	zìjǐ	自分	26
自我	zìwǒ	自分	49
自我介绍	zìwǒ jièshào	自己紹介	49
自习	zìxí	自習する	74
自信	zìxìn	自信	65
自行车	zìxíngchē	自転車	33
自责	zìzé	自分を責める	67
走	zǒu	行く、歩く	33
足球	zúqiú	サッカー	10
最	zuì	最も	44
最近	zuìjìn	最近	44
遵守	zūnshǒu	守る	66
昨天	zuótiān	昨日	10
坐	zuò	坐る	77
坐	zuò	乗る	77
座	zuò	建物の量詞	58
做饭	zuò fàn	ご飯を作る	33
作为…	zuòwéi…	…とする	53
作业	zuòyè	宿題	37

◆◆ p.71 の解答 ◆◆
1) b 2) a 3) a 4) b 5) b 6) b 7) b 8) b
9) b 10) b 11) a 12) b 13) b 14) a 15) a 16) b

中 国 全 图

新疆维吾尔自治区
◎乌鲁木齐
○吐鲁番
○楼兰
○敦煌
甘肃省
青海省
西宁◎
西藏自治区
拉萨◎
四川省
尼泊尔
不丹
印度
孟加拉国
昆明◎
云南省
缅甸
老挝
泰国
蒙

0   500km

bāshíjiǔ 89

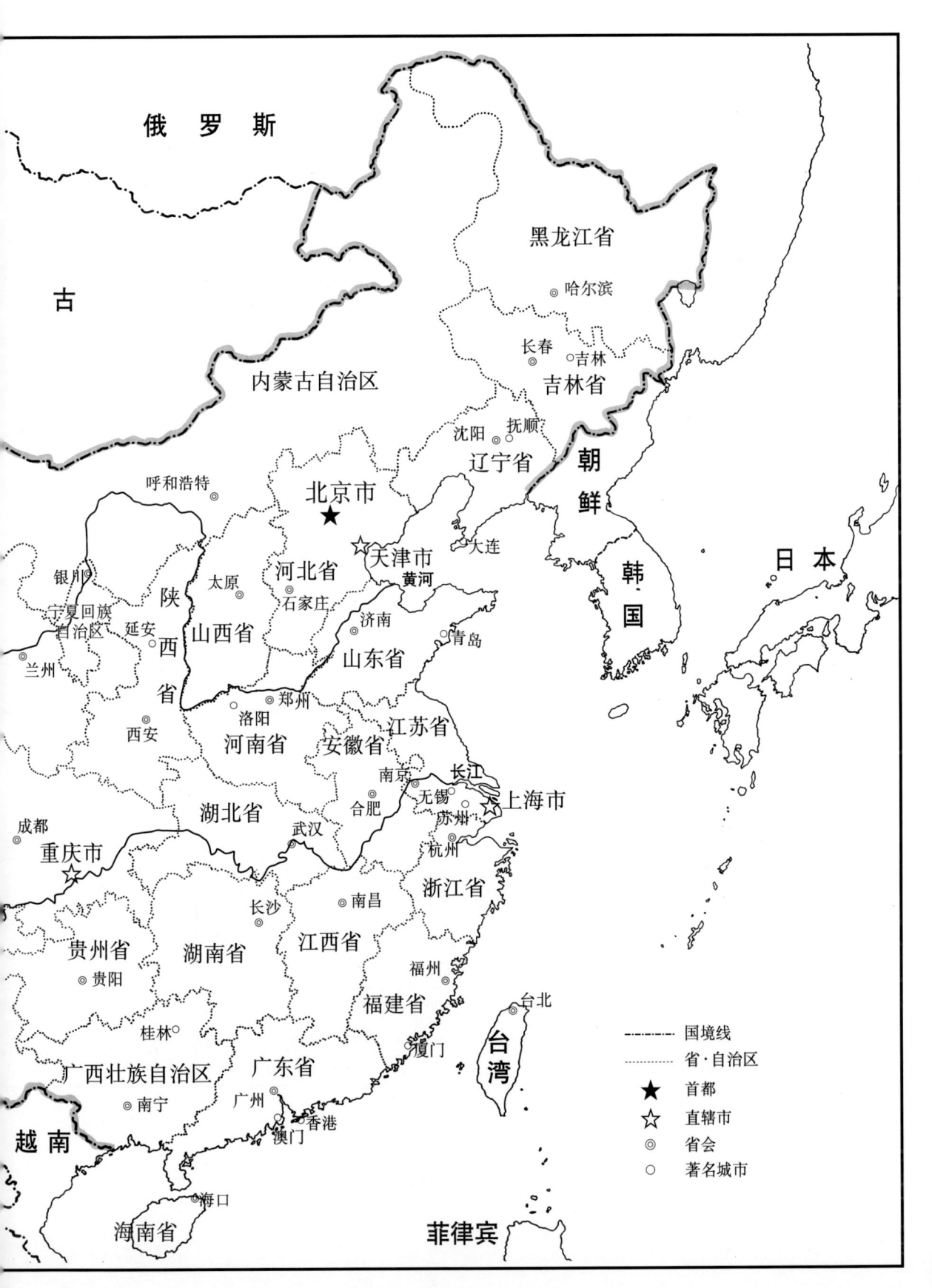

中国語基本音節表

	韻母 声母	a	o	e	-i[ɿ]	-i[ʅ]	er	ai	ei	ao	ou	an	en	ang	eng	-ong	i[i]	ia	iao	ie	iou
0	ゼロ	a	o	e			er	ai	ei	ao	ou	an	en	ang	eng		yi	ya	yao	ye	you
1	b	ba	bo					bai	bei	bao		ban	ben	bang	beng		bi		biao	bie	
2	p	pa	po					pai	pei	pao	pou	pan	pen	pang	peng		pi		piao	pie	
3	m	ma	mo	me				mai	mei	mao	mou	man	men	mang	meng		mi		miao	mie	miu
4	f	fa	fo						fei		fou	fan	fen	fang	feng						
5	d	da		de				dai	dei	dao	dou	dan	den	dang	deng	dong	di		diao	die	diu
6	t	ta		te				tai		tao	tou	tan		tang	teng	tong	ti		tiao	tie	
7	n	na		ne				nai	nei	nao	nou	nan	nen	nang	neng	nong	ni		niao	nie	niu
8	l	la		le				lai	lei	lao	lou	lan		lang	leng	long	li	lia	liao	lie	liu
9	g	ga		ge				gai	gei	gao	gou	gan	gen	gang	geng	gong					
10	k	ka		ke				kai	kei	kao	kou	kan	ken	kang	keng	kong					
11	h	ha		he				hai	hei	hao	hou	han	hen	hang	heng	hong					
12	j																ji	jia	jiao	jie	jiu
13	q																qi	qia	qiao	qie	qiu
14	x																xi	xia	xiao	xie	xiu
15	zh	zha		zhe	zhi			zhai	zhei	zhao	zhou	zhan	zhen	zhang	zheng	zhong					
16	ch	cha		che	chi			chai		chao	chou	chan	chen	chang	cheng	chong					
17	sh	sha		she	shi			shai	shei	shao	shou	shan	shen	shang	sheng						
18	r			re	ri					rao	rou	ran	ren	rang	reng	rong					
19	z	za		ze	zi			zai	zei	zao	zou	zan	zen	zang	zeng	zong					
20	c	ca		ce	ci			cai		cao	cou	can	cen	cang	ceng	cong					
21	s	sa		se	si			sai		sao	sou	san	sen	sang	seng	song					

2					3								4			
ian	in	iang	ing	iong	u	ua	uo	uai	uei	uan	uen	uang	ueng	ü	üe	üan	ün
yan	yin	yang	ying	yong	wu	wa	wo	wai	wei	wan	wen	wang	weng	yu	yue	yuan	yun
bian	bin		bing		bu												
pian	pin		ping		pu												
mian	min		ming		mu												
					fu												
dian			ding		du		duo		dui	duan	dun						
tian			ting		tu		tuo		tui	tuan	tun						
nian	nin	niang	ning		nu		nuo			nuan				nü	nüe		
lian	lin	liang	ling		lu		luo			luan	lun			lü	lüe		
					gu	gua	guo	guai	gui	guan	gun	guang					
					ku	kua	kuo	kuai	kui	kuan	kun	kuang					
					hu	hua	huo	huai	hui	huan	hun	huang					
jian	jin	jiang	jing	jiong										ju	jue	juan	jun
qian	qin	qiang	qing	qiong										qu	que	quan	qun
xian	xin	xiang	xing	xiong										xu	xue	xuan	xun
					zhu	zhua	zhuo	zhuai	zhui	zhuan	zhun	zhuang					
					chu	chua	chuo	chuai	chui	chuan	chun	chuang					
					shu	shua	shuo	shuai	shui	shuan	shun	shuang					
					ru	rua	ruo		rui	ruan	run						
					zu		zuo		zui	zuan	zun						
					cu		cuo		cui	cuan	cun						
					su		suo		sui	suan	sun						

【著者】
修辞学研究会

　　木村　佳代子
　　許山　秀樹
　　加藤　阿幸

若き中国人の悩み

2014年10月　1日　発行

■著者　　修辞学研究会　木村佳代子／許山秀樹／加藤阿幸

■発行者　　尾方敏裕

■発行所　　株式会社 好文出版
　　　　〒162-0041　東京都新宿区早稲田鶴巻町 540　林ビル 3F
　　　　Tel.03-5273-2739　Fax.03-5273-2740
　　　　http://www.kohbun.co.jp/

■装丁／挿画　加藤弥生

©2014　Printed in Japan　ISBN978-4-87220-178-9
本書の一部または全部を著作権法の定める範囲を超えて、無断で複製・転載することを禁じます
乱丁・落丁の際はお取替えいたしますので、直接弊社宛にお送りください
定価は表紙に表示されてます